すぐに役立つ

◆図解とQ&Aでわかる◆
賃貸トラブル解決マニュアル

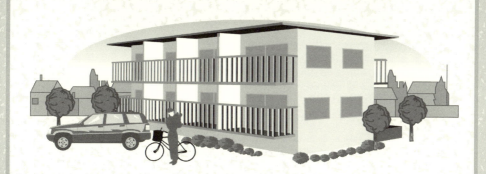

弁護士 **千葉 博** 監修

三修社

本書に関するお問い合わせについて
本書の内容に関するお問い合わせは、お手数ですが、小社あてに郵便・ファックス・メールでお願いします。お電話でのお問い合わせはお受けしておりません。内容によっては、ご質問をお受けしてから回答をご送付するまでに1週間から2週間程度を要する場合があります。
なお、個別の案件についてのご相談や監修者紹介の可否については回答をさせていただくことができません。あらかじめご了承ください。

はじめに

　賃貸借とは、賃貸人が賃借人に物を使用・収益させ、賃借人が対価として賃料を支払う契約をいいます。土地や建物を対象とする賃貸借契約は借地契約・借家契約と呼ばれます。借地契約や借家契約については、民法という法律が存続期間、賃貸人の修繕義務、賃借人の費用償還請求権、解約、更新などを定めています。ただし、民法の賃貸借の規定は借りる側（借家人・借地人）の保護という観点で十分なルールではないため、借地借家法という法律により借家人・借地人を保護する方向で規定が整備されています。民法・借地借家法を中心にその他法令・判例も含めて借地借家の法制度ということができるでしょう。

　土地や建物は貸す側（地主・大家）にとって重要な資産です。貸したとはいえ所有者であることに変わりはなく、適切に管理していく必要が生じます。一方、借家人・借地人にとっては、借り物とはいえその建物や土地が生活の基盤となるため、ある程度自由に使用できないと不自由が生じます。こういった双方の利害が衝突することもあるため、借地借家契約ではトラブルがつきものです。地代や家賃の滞納、更新拒絶、更新料の請求、転貸、解約、立退料の支払い、敷金返還時の差引きなど様々な問題が生じています。

　本書は、借地、借家における契約の基本知識から、更新、明渡し、賃料不払いや敷金トラブルなど、典型的なトラブルとその解決法を平易にアドバイスしました。外国人入居者の入居、入居者の自殺や孤独死についての重要事項説明、家賃滞納と鍵の取替え、といった問題についても取り上げています。話し合いによる解決が困難な問題については法的手段を活用することになりますが、供託・借地非訟・支払督促・訴訟など、トラブルを解決するためによくとられる手続きのしくみについても記載していますので、対処法がわからなくなった方のお力になれると思います。本書をご活用いただき、借地・借家の基本事項のご理解や問題解決に役立てていただければ監修者としてこれに勝る喜びはありません。

　　　　　　　　　　　　　　　　　　監修者　弁護士　千葉　博

Contents

はじめに

第1章　借家契約を結ぶときのトラブル

1　建物を借りるときの費用にはどんなものがあるのでしょうか。　16
2　家を貸すときの契約書を作成する際の注意点を教えてください。　18
3　不動産の間取りや畳数の表示については基準があるのでしょうか。不当表示だったことが後でわかった場合、責任追及は可能でしょうか。　20
4　契約で特約を定めるときにどんな点に注意すればよいのでしょうか。　22
5　賃料自動改定特約を置くことはできるのでしょうか。　23
6　手付金とはどんなものなのでしょうか。　24
7　預り金・申込金をめぐるトラブルにはどんなものがあるのでしょうか。　25
8　入居審査をする際に必要な書類はどのようなものでしょうか。断った場合に理由を伝える必要はあるのでしょうか。　26
9　入居希望者に申込書を記入してもらい賃貸借契約を結びました。しかし申込書の勤務先をすでに退職し、現在は無職だそうです。虚偽記載を理由に契約を解除できますか。　28
10　持家の賃貸を考えていますが借主が信用できず家賃の支払面で心配があります。連帯保証人を立ててもらい契約を結びたいのですが、注意点はありますか。　29
11　入居予定者から「連帯保証人と会うのは少し後になるが先に入居したい」という申入れを受けたのですが、不安です。入居を拒否できますか。　30
12　連帯保証人がいない場合に契約する家賃保証会社とはどのようなものなのでしょうか。デメリットはないのでしょうか。　31
13　外国人入居者を入れる際の注意点を教えてください。　33
14　「解除の場合は家賃2か月分の違約金を払う」という条項があるマンションの賃貸借契約を結んだ翌日に解約する場合、入居前でも違約金は払わなければならないのでしょうか。　34
15　来月より入居予定のマンションの賃貸借契約を交わそうとしたところ、契約すると入居前の月の日割家賃が発生すると言われました。日割家賃を支払う必要はあるのでしょうか。　35
16　契約したマンションの部屋にグランドピアノを搬入したいのですが、家主から何か言われそうで不安です。ピアノなどの大きな荷物を入れることに問題はありますか。　36
17　急死した夫が開業した診療所を、息子が医師になるまで一時的に友人の医師に貸そうかと思っています。このような一時的な賃貸借契約を結ぶことは可能でしょうか。　37

18	定期借家契約とはどんな契約なのでしょうか。	38
19	部屋を借りるときに2年という契約期間を設定されたのですが、本当に2年後には退去しなければならないのでしょうか。どうにかして避ける方法はありますか。	40
20	終身建物賃貸借契約とはどのような制度なのでしょうか。	41
21	重要事項説明書にはどんなことが記載されているのでしょうか。	42
22	物音がせず不審に思い部屋に入ったところ、高齢者の借主が寝たきりで亡くなっていました。今後、説明義務を負うのでしょうか。	44
23	以前、入居者が自殺しました。仮に別の部屋や数年前の自殺、部屋以外の場所での自殺だったとしても、説明義務を負うのでしょうか。	45
24	前入居者の使用状況や前科の有無などの個人情報の説明はどこまで必要でしょうか。説明しなかったことで責任を負うことはあるのでしょうか。	47
25	アスベストや浸水被害や違反建築物であることについて貸主は説明義務を負うのでしょうか。	48
26	入居前に借主に対する鍵交換負担特約は有効でしょうか。特に鍵を変えずに入居した場合に、その後、盗難被害にあった場合には責任はあるのでしょうか。	50
27	敷金・礼金ゼロのアパートの家賃を滞納したところ、すぐに部屋の鍵が変えられ締め出されました。初期費用が安い物件は普通の賃貸借とは扱いが違うのでしょうか。	52
28	入居者をフリーレントで募集する場合、どんなことに注意すればよいでしょうか。	53
29	定額補修分担金の負担についての特約は有効でしょうか。特約が無効とされる場合はあるのでしょうか。	54

第2章　部屋の使い方・周辺環境をめぐるトラブル

1	借りた部屋については、どのような用法で使用することも、借主の自由なのでしょうか。	56
2	犬を飼っていますが、引越し先の賃貸マンションの契約書にはペットに関する明記がありません。家主に一言断るべきでしょうか。また、ペットに関しての注意点はありますか。	57
3	賃貸のアパートやマンションの周辺環境をめぐるトラブルには、どのようなものがあるのでしょうか。	58
4	台風で割れた窓ガラスを借主が取り換えたのですが、費用を貸主に請求することは可能でしょうか。	60

5	壁紙を新しいものに取り換えたのですが、費用を貸主に請求することは可能でしょうか。	62
6	観測史上最強の台風が襲い、賃貸マンションのブロック塀が落下して通行人がケガをしました。部屋の借主の私が責任を負うのでしょうか。	63
7	居住用として契約したマンションを、今後自営用の事務所として使用したいと思っていますが、可能でしょうか。	64
8	マンションの一室が暴力団や半グレの事務所に使われているようなのですが、どうすればよいのでしょうか。	65
9	もうすぐ子どもが産まれますが、居住するアパートには子ども禁止の特約があります。子どもが生まれたら契約通り出て行かなければならないのでしょうか。	66
10	ベランダの物置を撤去するように言われましたが、どのようにすればよいのでしょうか。	67
11	家主の配偶者が「ペットとの同居が可能です」というので入居したところ、後に家主より「ペットは不可です」と言われました。このような場合、マンションの解約は可能でしょうか。	68
12	ペット禁止のマンション内で最近隣人が犬を飼い始めました。体毛や糞尿にも迷惑しており困っています。隣人に対して苦情を言いたいのですが、どうしたらよいのでしょうか。	69
13	和室の畳やふすま、障子の取り替えも修繕義務に含まれるのでしょうか。	70
14	「蛍光灯などの照明やエアコンの修理は借主の費用で行う」という特約は有効でしょうか。	71
15	賃借予定の部屋に前借主による破損があったので修繕を依頼したところ、入居時までに修繕されておらずあちこちが壊れていました。修繕費は誰が負担するのでしょうか。	73
16	借家の部屋を子どもが乱暴に扱ったため、家屋が痛みました。修繕費用は見積によれば30万円とのことですが、これは誰が負担することになるのでしょうか。	74
17	借主の部屋の使い方がひどくて備品が破損したと思われるような場合でも修繕費用は家主負担になるのでしょうか。	75
18	借家の屋根が破損して雨漏りがひどいため、家主に修繕を要求しました。ところが家主は修繕してくれません。このような場合、家賃の支払いを拒むことはできるのでしょうか。	76
19	建物の修理期間、借主にホテルなどに一時的に住んでもらう場合、費用負担はどうなるのでしょうか。	77
20	気分を変えるため、今住んでいるアパートの壁紙と床板の張替えをしようと思うのですが、家主の承諾をとらないと契約を解除さ	

	れるのでしょうか。	78
21	「使用状況が変わる場合には承諾料を支払ってもらう」と言われたのですが、具体的にどんな場合に承諾料の支払いが必要になるのでしょうか。	79
22	改築の際に家主から承諾料を要求されましたが、金額が高額で納得できません。どうすればよいのでしょうか。	81
23	一戸建ての借家に学生の甥を同居させようとしたところ、家主より「転貸になるから承諾料を支払ってほしい」といわれました。承諾料を支払う必要はあるのでしょうか。	82
24	借りている店舗を花屋からレストランに替える予定で、店舗の改装と設備の入れ替えが必要です。このような場合には、家主の承諾が必要なのでしょうか。	83
25	賃貸マンションに住んでおり、仕事上昼まで休息をとっていますが、早朝より上の階の子どもが騒がしく注意しても聞かないので困っています。対処法を教えてください。	84
26	隣室から聞こえる音楽や楽器、大声などの騒音に悩まされています。別の部屋への移動を希望していますが、手間と金銭がかかるため悩んでいます。対処方法はありますか。	85
27	賃貸マンションの2階に住んでいますが、下の階のテナントにゲームセンターが入居して日々騒音に悩まされています。何かよい解決手段はないでしょうか。	86
28	隣人から騒音に関する苦情が数回寄せられました。心当たりがありませんが苦情が重なり「家主に退去命令を出してもらう」とまで言われました。どうすればよいでしょうか。	87
29	真上の階の住人が排水管を壊したようで、部屋に大量の水が漏れてきました。着物や桐タンス、布団などが水浸しになったため上の住人に賠償請求したいのですが、可能ですか。	88
30	電気ストーブを消し忘れてアパートを全焼させてしまいました。死傷者はありませんでしたが、この場合燃えてしまった家財などに対する賠償問題はどうなるのでしょうか。	89
31	居住するマンションの1階の壁にペンキの落書きがあります。壁が汚れて不潔な感じがして不愉快です。どのように防止策をとればよいでしょうか。	90
32	景観の良さが売りのマンションに居住していましたが、隣に高層マンションが建ったために見晴らしと陽当たりが悪くなりました。何か対抗手段はないのでしょうか。	91
33	同じアパートの隣人宅から生活排水による悪臭が発生し、私の部屋は風下にあるため体調を崩すなどの悪影響が生じるなど、非常に困っています。対処法はありますか。	92

第3章　家賃の支払をめぐるトラブル

1　高層階へ入居したのですが、契約の手違いがあったらしく、不動産会社から、低層階への移動か差額家賃の支払いを指示されました。対処法はありますか。　94

2　居住する賃貸マンションの家主より、家賃引き上げの通知が届きました。値上げに応じるのが難しく、現状維持を希望していますが、どのような方法をとればよいでしょうか。　95

3　家主より家賃の値上げの話がありました。値上げ幅が大きいため交渉をしましたが、結局話し合いがつきませんでした。この場合、どのように対処したらよいでしょうか。　96

4　家賃を1か月滞納したところ、不動産会社より「契約書通り、家賃に対する年利12％相当額の遅延損害金を払うように」と言われました。支払う必要はあるのでしょうか。　97

5　マンション運営を行う場合、賃貸後の家賃の値上げに苦労すると聞きました。値上げが可能なケースや適正家賃の基準、不動産価格への連動家賃の設定が可能か教えてください。　98

6　数年前から知人に店舗を貸していますが、店舗経営が順調であるため、今度家賃を値上げしようと考えています。店舗関係の家賃の決め方や基準はあるのでしょうか。　99

7　私は転借人ですが、建物の所有者から賃料の請求を受けました。所有者に直接賃料を支払っても問題はないのでしょうか。　100

8　病気の親と賃貸マンションで同居しようとしたところ、家主より家賃の値上げを要求されました。家族との同居なのに応じなければならないのでしょうか。　102

9　借主のために値上げをせずに建物を貸し続けていましたが、期間満了時の明渡しに応じず困っています。本当は請求したかった過去の家賃を増額請求するのは可能でしょうか。　103

10　家主より、管理費・共益費を合計で月2万円値上げする旨の通知が届きました。値上げ幅が大きすぎると思うのですが、値上げを拒否することはできますか。　104

11　家賃の減額請求をされたのですが、どうしたらよいのでしょうか。　105

12　契約書に「2か月家賃を滞納した場合は理由を問わず解除できる」という特約があるのですが、特約どおり、立退きを要求してもよいのでしょうか。　106

13　家賃の滞納に我慢の限界です。滞納した借主が悪いのですから、鍵を取り替えて追い出したいのですが、後で問題になるのでしょうか。　107

14　貸しているアパートの住人の一人がたびたび家賃を滞納します。以前なら翌月にまとめて支払われていましたが、滞納家賃が3か月分となりました。契約解除はできますか。　108

第4章　借家契約の更新・解約・変更をめぐるトラブル

1　あと1年弱で当初の契約期間が満了するのですが、貸主から何も言われないときは、退去しなければならないのでしょうか。　110

2　賃貸マンションに住んでいます。わが家と同じ間取りに住む入居者の家賃が2万円安いことを知りました。契約更新の際に隣と同じ家賃にしてもらいたいのですが可能ですか。　112

3　賃貸借契約更新時に、家賃の値上げとそれに伴う敷金追加分を請求されました。特に敷金は契約時に家賃の2か月分を差し入れているため拒否したいのですが可能ですか。　113

4　アパートの契約期間が満了したので更新をせずに荷物をまとめ引き払ったところ、正式な明渡しが済んでいないとされ家賃を請求されました。支払う必要はあるのでしょうか。　114

5　契約期間なしの一戸建借家に住んでいますが、家主より契約解除を請求され、家賃支払も拒否されました。その後供託した家賃が受理された場合は解約申入れ撤回となりますか。　115

6　更新時に賃料2か月分の更新料の支払いを請求したところ、「不当な請求」と言われ支払いを拒否されました。妥当な金額だと思うのですが。　116

7　法定更新になると更新料を請求できないのでしょうか。　118

8　更新日の直前に退室の申入れをした場合、更新料を支払わなければならないのでしょうか。　119

9　駐車場つきのマンションを借りたところ、引越し後に使えないことが判明した場合や、更新する際に駐車場契約だけ更新を拒否された場合はどうしたらよいのでしょうか。　120

10　サブリース契約の更新拒絶をしたいのですが、どのような場合にできるのでしょうか。　121

11　貸主が立退料を支払うことになるのはどんな場合でしょうか。　123

12　立退きの際に考慮される「正当事由」とはどんな事情のことをいうのでしょうか。　125

13　アパートの立退きを求められましたが、立退料が引越し費用と敷金の全額返還だけのため納得がいきません。これは、立退料として十分な金額なのでしょうか。　127

14　海外赴任中の3年間だけ自宅を貸し出したいと考えています。こうした一時的な賃貸借契約でも、借主に立退料を払う必要があるのでしょうか。　128

15　老朽化した一戸建借家に住んでいますが家主より建物修繕のための明渡しの申入れがありました。明け渡した場合、修繕後に再び貸してもらえるのでしょうか。　129

16	借主の造作買取請求権とはどのような権利なのでしょうか。	130
17	店舗用ビルの借主が半年分の家賃を滞納したため契約を解除したところ内装工事費を払えと言われました。契約書に有益費償還請求放棄の特約があるので応じたくないのですが。	131
18	退去の立会に借主が現れず残置物がでたような場合に、後始末はどうすればよいのでしょうか。死亡や行方不明の場合はどうすればよいのでしょうか。	132
19	賃貸借契約を更新し、期間が残っている状態で、家主よりアパートを取り壊すため立退きの申し出がありました。引越しのメドもつかないのですが立ち退く必要はありますか。	134
20	賃貸住宅に住んでいます。姪が近隣の大学へ進学したため同居を検討していますがまた貸しとならないか心配です。家主に無断での譲渡・転貸は、契約解除になるのでしょうか。	135
21	部屋を貸した者が無断転貸をしており貸した者とは別人が居住していました。現在の居住者は自分が部屋を貸した者から借りたと主張しています。契約の解除は可能でしょうか。	136
22	姉が居住しているアパートに、家主に黙ってそのまま妹が住むというような、肉親間でのアパートの無断転貸は認められるのでしょうか。	137
23	弟と同居する予定で借りたマンションに友人と居住することになったのですが、家主に知られてまた貸しを理由に退去通告されました。この場合退去する必要はありますか。	138
24	友人が1年間の転勤になり、その間私が友人のマンションに住むことになりました。これはまた貸しになるのでしょうか。また、家主に許可をとる必要はありますか。	139
25	賃貸マンションで同居していた内縁の夫が死亡し、家主より賃貸借契約の名義人死亡を理由に退去通告されました。この場合、退去しなければなりませんか。	140
26	家主に無断で転貸をしていますが、注意や警告がない場合、家主は転貸を承諾したことになりますか。家主が無断転貸を知らず、今後見つかった場合はどうでしょうか。	141
27	賃貸マンションで個人事業を行っていますが、株式会社へ変更しようとしたら家主より未承諾の転貸になるため契約解除されました。個人名義を会社名義にしたら転貸なのでしょうか。	142
28	アパートの賃貸借契約を結び敷金や家賃を支払った状態で入居後すぐに解約を申し出た所、敷金や家賃は返せないと言われました。全額返却を希望していますが難しいですか。	143
29	家主から通告された督促期限より3日後に滞納していた3か月分の家賃を支払ったところ退室を求められました。たった3日の遅れですが退去しなければならないのでしょうか。	144

30	先日、家主の変更と新しい支払先の通知がありました。こちらに一言もないまま家主が変更になることは許されるのですか。また、借主の譲渡時には承諾が要るのですか。	145
31	居住するマンションの所有者が変更になり、不動産会社を通じて新所有者より賃貸借契約の再締結依頼がありました。所有者の変更による新しい契約は必要でしょうか。	146
32	借りている建物の家主が変更になったようです。新しい家主の連絡先もわからず、2か月前より家賃の支払ができていません。このような場合の対処法を教えてください。	147
33	契約の途中で定期借家権に切り替えることはできるのでしょうか。	148

第5章　敷金をめぐるトラブル

1	今月家賃支払いが厳しいのですが、「敷金から差し引いてください」と頼んでもよいのでしょうか。	150
2	権利金・礼金・敷金とは、それぞれどのような違いがあるのでしょうか。	152
3	保証金とはどのようなお金なのでしょうか。	154
4	今月は給料額に対して自動車税の支払など出費が多く、とても家賃を支払う余裕がありません。敷金を今月分の家賃にあててもらいたいのですが、可能でしょうか。	156
5	先日、郵送で家主が変わった事による家賃支払先変更の通知を受けました。この場合、前の家主に預けている敷金はどうなるのでしょうか。	157
6	以前、ビルの一室を借りる際に保証金1000万円を差し入れましたが、ビルの所有者が変わりました。退去する場合の保証金の返還請求は誰にすればよいのでしょうか。	158
7	来月、居住地のアパートから引っ越すことになりました。契約時に家賃2か月分の敷金10万円を家主に差し入れてありますが、引越し後に全額戻ってくるのでしょうか。	159
8	借主は自分が入居する前と全く同じ状態にまできれいにしてから部屋を返還しなければならないのでしょうか。	160
9	退去にあたり家主から「壁紙の取替費用を敷金から差し引く」と伝えられました。それほど汚れていないと思うのですが。	162
10	カーペットの損耗は通常損耗だと思うのですが、新品にして返さないといけないのでしょうか。賃借人が個人か事業者かで違いはあるのでしょうか。	164
11	敷金の精算の際、クリーニング代はどの程度差し引いてよいのでしょうか。	165

12	退去時の立ち合いをしたところ、部屋タバコのヤニがひどいのですが、敷金から費用を差し引いてよいのでしょうか。	166
13	ペットによる傷や地震による家具転倒についての損害費用も敷金から差し引いてよいのでしょうか。	167
14	借主から敷引特約によって取得した金銭の返還を求められていますが、返還の必要はあるのでしょうか。	168
15	アパート退去後、敷金返還どころか不動産会社より壁の修理代金50万円を含む80万円という多額の補修費を請求されました。このような大金を支払わなければならないのですか。	169
16	空いている部屋の別階に空室が出ると聞き、とりあえず別の部屋に入居し空室が出たら移転しようと思っています。マンション内で部屋を移転すると敷金を支払うのでしょうか。	170
17	借主が借金をしていたようで、「敷金返還請求権を差し押さえる」内容の通知が届きました。滞納家賃などを差し引けないと困るのですが、どうなるのでしょうか。	171
18	競売により居住するマンションの所有者が代わったのですが、今までの契約は有効でしょうか。住み続けることができるのか、契約終了時の敷金返却があるのか不安です。	172
19	5年契約で店舗を貸し、権利金300万円を受けました。2年後借主より解約申入れがあり、残り3年分の権利金180万円の返却を請求されました。返金する必要はあるのでしょうか。	173
Column 民法改正と借地・借家契約への影響		174

第6章　借地契約についてのトラブル

1	「土地は一度貸したら返ってこない」と言われるのはなぜでしょうか。	176
2	自分の所有する土地にマンションを建設し、自身も一室に居住しながら家賃収入で生活することを考えています。このように、自分の土地を自分で借りることは可能なのでしょうか。	178
3	定期借地権とはどんな権利なのでしょうか。	179
4	借地契約の更新について教えてください。	181
5	一時的借地権かどうかの判断はどのように行われるのでしょうか。	183
6	同居していなければ借地権は相続できないのでしょうか。	184
7	30年前に締結した借地権契約を更新すると、借地権の存続期間はどのようになるのでしょうか。	185
8	借地人が地代を払わない場合は、どう対応すればよいのでしょうか。	186
9	毎年の地代値上げに対して、供託で対抗することができるのでしょうか。	187
10	地主が代わったら新たに契約をしなければならないのでしょうか。	188

11	地価の変動に合わせて地代を決める場合について教えてください。	189
12	税の負担が大きいので地代を値上げしたいのですが可能でしょうか。	190
13	借地人が無断で温室を建てているのですが、無断で温室を建てたことを理由に地代を増額請求することはできますか。	191
14	借地権譲渡で地主から手数料を請求されたのですが、名義書替料を支払う必要があるのでしょうか。また、名義書替料はどの程度が妥当なのでしょうか。	192
15	駐車場として貸したのに住宅を建てられた場合に立退きを求めることはできるのでしょうか。	193
16	借地契約が更新されないので建物買取請求をしたいのですが、いつまでに請求したらよいのでしょうか。	194
17	借地上の建物が滅失した場合、借地契約は存続するのでしょうか。	195
18	借地上の建物を無断で売却していた借地人への法的な対処法を教えてください。	196
19	高齢の借地権者から、子どもへ譲渡する旨の承認を求められた場合、どのように対処したらよいのでしょうか。	197
20	増改築すると地主に承諾料などを払わなければならないのでしょうか。	198
21	借地契約期間が満了したのですが、契約更新を求めることはできるのでしょうか。	199
22	更新後に滞納地代を連帯保証人に請求できるのでしょうか。	200
23	契約途中で地主から契約期間の短縮を求められたのですが、どうしたらよいのでしょうか。	201
24	借地契約の更新の際に高額な更新料を請求されたのですが、支払う必要があるのでしょうか。	202

第7章 困ったときの法的手段

賃貸トラブルの種類と解決法
家賃の滞納や敷金の返還をめぐるトラブル　204／借家を借りるときの注意点　204／借地のトラブル　206／最終的には訴訟によって解決する　206

内容証明郵便の利用法
内容証明郵便とは　207／内容証明郵便の書き方　208／内容証明郵便の出し方　208／電子内容証明郵便とは　208
　書式　家賃滞納による契約解除の通知書　　　　　　　　　　　　　210

通常訴訟の手続き
裁判の提起から判決まで　211／口頭弁論の終結から判決まで　212

簡易裁判所の活用法
裁判所の窓口の利用法　213／民事調停とは　213／支払督促　215／少額訴訟　217

強制執行
強制執行とは　219

供託
供託の種類　221／弁済供託の手続き　221／債権者が弁済の受領を拒んでいる場合　221／債権者が受領できない場合　222／債権者が誰なのか確知できない場合　222／供託書の書き方　223／申請後の手続き　223
　書式　供託書の記載例（家賃の弁済供託）　224

借地非訟
訴訟とは異なる緩やかな手続き　225／申立手続き　226

困ったときの相談先・専門家への頼み方
裁判所や弁護士への相談　228

第8章　トラブルを予防する契約書面

契約書の作成メリット
契約の締結　230／紛失や改ざんを防げる　230／契約書の作成形式　231／賃貸借契約書と印紙税　233

トラブル防止のための記載事項
争いが生じやすい事柄と記載例　234／賃貸借契約で特に注意すべき特約　235／トラブルが発生した場合　237／消費税の有無　238

公正証書
公正証書とは　239／公証役場の手続き　240／公正証書にする契約と公正証書にするのが望ましい契約　240

Column　空家等対策の推進に関する特別措置法　242

巻末　資料集

　資料　重要事項説明書　244
　資料　貸主・借主の費用の負担区分　250

Column　印鑑の押し方のルール　253
索引　254

第1章

借家契約を結ぶときのトラブル

 建物を借りるときの費用にはどんなものがあるのでしょうか。

 敷金・礼金などの他に、加入した保険料の支払いなどが必要になります。

どんな建物を借りるかによって費用に差が出てきます。

予算を立てているのが通常でしょうから、どの程度の予算で入居するのかを考えて、不動産会社の人とよく相談してから建物を借りるのもよいでしょう。また、入居時には各種費用がかかりますので、あらかじめ支払いが必要になる金銭の名目と額について、確認しておくことが大切です。

① 敷金・礼金・保証金（権利金）

敷金とは、家賃の滞納や部屋の破損の費用がかかった場合に充当するために、賃貸人（家主）に預けるお金です。礼金とは、賃貸借契約を結んだときに、賃貸人にお礼として払うお金です。保証金とは、敷金とほぼ同じ性質のものです。また、「権利金」というお金もあります。契約時にはどのような目的でどのような名目の金銭を支払っているのかを確認することが大切です。

② 仲介手数料

部屋を紹介し、仲介した不動産会社に対する謝礼の意味をもつお金です。通常、家賃の1か月分が必要になります。

③ 前賃料（前家賃）

契約してから最初の月の賃料の前払い金です。月の途中で契約する場合には、賃料も日割計算になります。

④ 管理費

　借りる建物がマンションの場合、管理費の支払いが必要です。管理費は、廊下の清掃やエレベーターのメンテナンス代など、マンションの共用部分にかかる費用です。毎月定額で支払います。

⑤ 火災保険料

　火災保険は、住宅やビルなどの建物が火災などの災害にあった場合に、災害による損害を補償する保険です。一般の火災保険（普通火災保険）の他に、住宅に限定して掛ける「住宅火災保険」がありますが、火災や落雷、爆発といった事故以外には補償しないため、火災だけでなく、台風や洪水などの被害にも対応できる「住宅総合保険」への加入を勧めるケースが多いようです。火災保険には、地震による被害の補償はありません。地震の被害も補償してもらいたい場合には、別途「地震保険」にも加入する必要があります。

　賃借人（借家人）も、火災保険に加入しておくことで、家財道具などの損害の補償を受けることができます。なお、賃借人の不注意で火事が発生した場合、失火責任法の適用を受けるため、隣近所は賃借人に重過失がある場合に限り損害賠償を求めることができます（一方、賃貸人が債務不履行を理由に損害賠償を求めるときは、失火責任法の適用はありません）。

　しかし、その一方で原状回復義務として、退去時に賃貸人が莫大な賠償を請求するおそれがあります。そこで賃借人は、通常火災保険とセットで、賃貸人への損害賠償責任を補償する借家人賠償責任保険への加入が必要になります。特約で借家人賠償責任保険への加入が義務付けられた場合、賃借人は加入義務を負います。

　保険会社については、保険加入の特約で指定されていることもありますが、特別な事情がなければ同等の保険内容を提供している他の保険会社を選択することもできると考えられています。

 家を貸すときの契約書を作成する際の注意点を教えてください。

 重要事項について借主にしっかりと説明することが大切です。

　賃貸借契約は、原則として、賃貸人と賃借人の二者間で取り交わす契約です。契約書によって契約の内容を明確にしておかないと、後々トラブルが発生する原因にもなりますので、十分注意して契約書を作成する必要があります。

　アパートの部屋などを貸す場合には、家主が貸主（賃貸人）、入居者が借主（賃借人）ということになりますが、場合によっては、借主の保証人も含めた三者間において、契約書を作成するということもあります。

　契約書にはどのような内容を入れればよいのでしょうか。まずは、①家賃の額と支払方法を明記します。通常は、「賃料は、毎月5万円、管理費1万円とし、前月の末日までに、家主の指定した口座に振り込むこと」といった条項を入れます。

　次に、②契約開始日、③契約期間、④契約の更新について明記します。契約書には、「契約期間は、平成○年○月○日から2年間とする」「借主から解約の申し出がない限り、契約は自動的に更新する」といった条項を入れます。さらに、⑤契約の解約について明記します。通常、「契約を解約する場合は、1か月前に申し出ること」といった条項を入れます。

　この他、⑥賃料などの改定、⑦禁止事項（「ペット禁止」や

「ストーブの使用を禁止する」といった内容)、⑧修繕費用の負担(「部屋の設備を壊したときは、賃借人が費用を負担して修繕する」といった内容)、⑨契約の解除(「賃借人が賃料を6か月滞納した場合は、契約を解除する」といった内容)、⑩敷金や保証金の返還、といった内容を条項として明記する必要があります。

　家主は、これらのことを契約内容として契約書に定め、借主に提示し、一つひとつの条項を丁寧に説明する必要があります。そして、借主が契約内容について十分納得したところで、契約を締結するようにします。

　契約締結の際には、当事者が個人であれば、その住所を記載し、署名・押印をします。当事者が法人である場合には、本店住所・法人名を記載し、代表者が署名・押印をします。印鑑は、通常は何を使ってもかまいませんが、証明力を強くするには、市区町村(法人の場合には法務局)に登録してある印鑑(実印)で押印するのが望ましいでしょう。

　なお、法律が特に要求している場合を除いて、契約書の作成の形式は自由です。手書きではなく、パソコンで作成する場合が一般的です。賃貸借契約書については、国土交通省のホームページに掲載されている賃貸住宅標準契約書が参考になりますので、この契約書をベースにして契約書を作成するのがよいでしょう。

■ **契約書を作成する意味**

契約をした証拠となる	トラブル防止、裁判での強力な証拠となる
契約遵守	契約書に記載されることにより、口約束のような曖昧さが排除され、契約を遵守する意識が高まる
ルールの明確化	契約書を作ることにより、建物や土地を使用する上での注意事項が明確になる

 不動産の間取りや畳数の表示については基準があるのでしょうか。不当表示だったことが後でわかった場合、責任追及は可能でしょうか。

 畳数に関して基準があります。不当表示の場合には解除や損害賠償請求が可能です。

　不動産の広告表示において、DKまたはLDKという表示が用いられます。DK（ダイニング・キッチン）とは、台所と食堂の機能が併存した1つの部屋をさし、LDK（リビング・ダイニング・キッチン）とは、居間と台所と食堂の機能が集約した一室をいいます。居室（寝室）数に応じて、特定の用途に従った使用に堪え得るために、必要な広さ・形状・機能を持っている不動産については、端的に2DKや3LDKなどの表示が行われています。

　不動産の取引について行う表示については、不動産公正取引協議会連合会の不動産の表示に関する公正競争規約にルールが定められています。DK・LDKについて最低限必要な広さの目安として同じく不動産公正取引協議会連合会が出している「DK・LDKの広さの目安となる指導基準」が参考になります。不動産に関する事業者（広告会社などを含む）は、DKまたはLDKとの表示を用いるときには、実際の広さはまちまちでも、次ページに記載する居室（寝室）数に応じて最低必要な広さ（畳数）の目安が最低限の条件として、指導基準が定められています。

●表示と実際の部屋の広さが異なる場合
　パンフレットや間取り図面などを見て契約することを「見本契約」といいますが、実際の部屋が間取り図面より狭い場合、残存

する部分のみであれば借主がこれを借りなかったときは、事情を知らない借主は賃貸借契約を解除することができます（これを法律上「数量不足・一部滅失の場合の担保責任」といいます）。

　また、契約の解除だけでなく、損害賠償の請求として、敷金や前家賃、新たに借りるための費用や、引越費用などを請求することもできます。賃貸借契約を締結したことで、借主に何らかの損害があれば、別途損害賠償を請求できます。たとえば、部屋に入れる予定であったデスクが、部屋が狭いために搬入できず、仕方なく別のデスクに買い替えた場合の費用がこれにあたります。

　しかし、実際の部屋が間取りよりも狭いといっても、何となく狭いように思えるという程度では、解除は認められません。パンフレットや間取り図に示されていたものと比べて、1部屋不足している場合や、1ｍ幅の廊下のはずが50cm幅しかないような場合でなければなりません。トラブルを避けるためにも、必ず実際の部屋を見て確認し、納得した上で契約を締結しましょう。

■ 広さの目安となる基準

建物が取引される際に、DK・LDKという表示を行う場合の表示のあり方を示す。
【DK】　1部屋：4.5畳　2部屋以上：6畳以上 【LDK】1部屋：8畳　　2部屋以上：10畳以上
この基準は、あくまでも建物が取引される際に、DKまたはLDKという表示を行う場合の表示のあり方を示すものであり、不動産事業者が建築する建物のDKまたはLDKの広さ、形状及び機能に関する基準を定めたものではない。

契約で特約を定めるときにどんな点に注意すればよいのでしょうか。

賃借人の権利を侵害したり不当な義務を負わせる特約は無効になる場合があります。

　賃貸借契約の中には、借地借家法に反しない限り賃貸人にとって有利な条項を置くことができます。賃貸人にとって有利な契約条項としては、通常の損耗や経年変化（劣化）によりかかる費用を賃借人に負担させる特約、賃貸借契約を更新する際の更新料についての特約、賃貸人が負担する不動産の修繕義務を回避する特約、造作買取請求権を排除する特約、有益費償還請求権を排除する特約、賃料を増額するための特約などがあります。

　また、敷金や保証金に関して、契約終了後には、本来賃借人に返還されるべき金銭です。しかし、敷金等の返還をめぐりトラブルが多く発生しています。たとえば、賃料の滞納などがないにもかかわらず、特約として、一定程度の割合の金銭を差し引いた上で、返還するという内容の規定が置かれていることもあります。

　このような契約条項は、賃借人にとっては不利な契約条項になりますので、契約条項の内容について賃借人に十分な説明を行い、賃借人の了解を得ることが必要です。特に、賃借人が一般個人のようなケースでは、消費者の権利を制限したり消費者の義務を加重したりする特約等の条項で、消費者の利益を一方的に侵害する条項については、消費者契約法10条が適用され、特約自体が無効とされるおそれもあります。

賃料自動改定特約を置くことはできるのでしょうか。

可能ですが、特約の無効や減額請求の問題が生じないようにすることが大切です。

「5年毎に5％賃料を増額する」というように、賃料自動改定特約を置くことは自由です。ただし、結果として賃料が不相当に高額になれば特約の無効や減額請求の問題が生じます。賃料自動改定特約を設定する場合、通常は最初の賃料を安くして徐々に賃料を高くしていきます。たとえば、周辺の家賃相場よりも2万円ほど賃料を安くしておき、契約更新のたびに1万円ずつ賃料を増額していき、最終的に相場と同じ程度の賃料とします。

こうすれば、賃借人の負担が不当に重くなるということもなく、契約締結直後は賃料が安くなっていますので集客効果も見込めます。

■ 賃料自動改定特約の規定例

> 第○条
> 　賃料は1年ごとに改定する。改定ごとに賃料は年2％ずつ増額する。

※注意点
・通常は当初の賃料を安くしておき、徐々に賃料を増額していくことで賃料を相場に近づけるという手法がとられる。
・改定による賃料増額の幅があまりにも大きいと、賃料自動改定特約自体が無効になる可能性がある。

 手付金とはどんなものなのでしょうか。

 手付金は、賃貸借を予約する際に支払うお金です。

　手付金とは、契約を締結する際に、当事者間で授受される金銭のことです。部屋を確保する際に支払うお金という性質をもっています。支払うべき手付金は、不動産会社によってそれぞれ違います。相場は、家賃の10％前後です。手付金は、正式契約の前に支払う金銭です。部屋を借りる人は、支払った手付金を放棄して契約のキャンセル（解約）をすることができます。また、部屋を貸す人は手付金の倍額を支払えば、契約をキャンセルできます。ただ、賃貸人から鍵を受け取るなど、相手方が契約の履行を開始すると、キャンセルはできなくなります。

　また、手付金が家賃の10％を下回る金額である場合は、契約したとの単なる証拠にすぎず、手付金とみなされないこともありますので、不動産会社に確認する必要があります。

　不動産会社では、「申込金」「内金」「預り金」といった金銭を受け取ることもあります。「申込金」は、契約を結ぶ意思があることを示すために支払う金銭です。「内金」は契約金総額の一部を支払っておくもの、つまり前払いです。「預り金」は、賃貸借契約が終了して明け渡すまでの間、マンションを借りる人が貸す人に預けておく金銭です。敷金や保証金が代表例です。

 **預り金・申込金をめぐるトラブルにはどんなものがあるのでしょうか。**

 申込みの撤回を希望したところ、不動産会社が申込金の返還を拒むことがあります。

　たとえば、希望する物件が見つかり、入居の申込みの際に、不動産会社に数万円程度の金銭を、申込金として支払うことが要求されることがあります。しかしその後、何らかの事情で申込みを撤回したいと考えて、支払った申込金の返還を要求すると、不動産会社は、いったん支払った申込金は返還できないといって、返還に応じないという内容のトラブルが頻発しています。
　申込金は、申込みの順位等を確保するための証拠金などとして授受される金銭ですが、預り金と呼ばれることもあります。
　預り金の性質として、申込人（賃借人）に返還されることが予定されている金銭であるということが挙げられます。もちろん、契約が成立しなかったときにも、同様に申込人に対して返還されなければならない金銭です。宅地建物取引業法施行規則では、契約成立の仲介を行う不動産会社に対して、申込金などの預り金の返還を拒否することを禁止しています。したがって、申込金の返還を不動産会社が拒むことは許されず、申込人は申込みを撤回した以上、必ず支払った申込金の返還を受けることができます。もっとも、申込金をめぐるトラブルが多く発生していますので、申込金を支払う場合には、返還等について明記している預り証などを受け取るようにして、トラブルを防止するとよいでしょう。

第1章 ● 借家契約を結ぶときのトラブル

入居審査をする際に必要な書類はどのようなものでしょうか。断った場合に理由を伝える必要はあるのでしょうか。

入居希望者の身元や所得を確認する書類が必要です。また入居を断る際に、理由を伝える必要はありません。

　入居希望者が見つかって貸主としては一安心かもしれませんが、まだまだ安心できません。その入居者は本当に貸主にとって「優良な」入居希望者でしょうか。まずは入居希望者に以下のことを聞いて審査するようにしましょう。①入居の動機、②保証人の有無、③勤務先と勤続年数など主要な事項を確認するようにしましょう。たとえば、入居希望者が実は家賃滞納常習犯で、前のアパートから追い出された人だというケースもありますので、忘れずに確認するようにしましょう。

●審査の流れと提出書類

　入居希望者に主要な事項を確認し忘れて素行のよくない入居希望者と契約してしまうと、入居を始めた途端、賃貸物件を乱雑に扱ったり、近隣の入居者とトラブルを起こしかねません。その結果、優良な入居者が退去してしまい、新規の入居者が見つからないという負の連鎖が起こってしまいますので、しっかりと見極めなければなりません。審査をする際に入居希望者にはまず、入居申込書に必要事項を記載させてから入居希望者と面談しましょう。

　チェックする内容は、入居者や保証人の経済力と入居者の人柄です。そこで、入居審査にあたって入居申込書とともに、次のよ

うな書類の提出を求めることになります。まず、申込者の素性が明らかである必要がありますので、本人確認のための免許証やパスポート、そして、現住所を確認する書類として、住民票の提出を求めます。次に、賃料を支払い続ける経済力を持っているのかを確かめることが重要です。そのために、入居希望者の所得証明書の提出を忘れずに求める必要があります。

　なお、賃貸借契約においては、賃料の支払いを確保するために、連帯保証人の選任を求めるのが通常です。連帯保証人に関しても、入居希望者と同様に、支払能力を見極める必要がありますので、連帯保証人となる者の所得証明書を提出してもらいましょう。提出を拒んだ場合には、契約を断ることも可能です。また、連帯保証人が自らの意思に基づいて、保証契約を結んでいることを確かめるために、連帯保証契約書には実印の押印を求めるとともに、印鑑証明書の提出が求められることが一般的です。

●**入居を拒否したことがトラブルにつながることもある**

　貸主が入居希望者を審査し、入居してほしくないと判断した際に気をつけたいのが、どのように断るかということです。入居拒否理由の開示を求められても答える義務はありませんので、後々のトラブルを避けるためにも結果だけを伝え、やんわりと断るようにしましょう。

■ **入居審査に合わせて必要になる書類**

①入居申込書
②入居希望者の本人確認書類（免許書・パスポート等）
③入居希望者の所得を証明する書類（所得証明書等）
④連帯保証人について必要な書類（所得証明書、印鑑証明書等）

第1章 ● 借家契約を結ぶときのトラブル

入居希望者に申込書を記入してもらい賃貸借契約を結びました。しかし申込書の勤務先をすでに退職し、現在は無職だそうです。虚偽記載を理由に契約を解除できますか。

契約解除は、特約に有無に限らず互いの信頼関係が損なわれた状態であれば可能です。

　本ケースの場合、法的にいえば、契約書に「申込書に虚偽の記載がある場合は、貸主は契約を解除できる」などの特約があれば契約を解除することができます。特約がない場合でも借主は事実を偽って利益を得ていることから、貸主は詐欺行為として契約の取消を主張できます。

　しかし、実際は借主が貸主の契約解除の要求に納得して自ら立ち退くとは限りません。最終的には裁判所に提訴する方法もありますが、詐欺を主張する場合には借主が申込書に虚偽の内容を書いたとことを貸主側が立証しなければなりません。

　また、特約がある場合でも、裁判所は特約条項よりもまず貸主と借主との間で明らかに信頼関係を損なう事実があったかを重視します。

　貸主にしてみれば、申込書に虚偽を書いた時点で不信感を抱くのが当然といえますが、裁判所では申込書の勤務先欄に虚偽があったとしても借主が契約通り家賃を支払っていれば、完全に信頼関係を壊すような状況ではないと判断するのが一般的です。

　したがって、現状のままではすぐに契約を解除するのは難しいといえます。今後、家賃滞納などの新たな事情が発生したような場合には、契約解除を要求できる余地があります。

Question 10
持家の賃貸を考えていますが借主が信用できず家賃の支払面で心配があります。連帯保証人を立ててもらい契約を結びたいのですが、注意点はありますか。

 一般的には借主の親や親戚、資力のある友人や知人がなっています。

賃貸借契約での連帯保証人とは、賃貸借契約から生じる借主の債務（家賃や修繕義務など）を、借主と連帯して保証する義務を負う者のことです。

実際に連帯保証人を探して依頼するのは借主ですが、法律的には連帯保証人と家主が当事者として契約を結びます。借主が家賃を滞納する場合や、破損した設備の修繕費などを支払わない場合、家主は直接連帯保証人に支払いを請求できます。また、借主が家賃を支払わないで失踪した場合は連帯保証人に家賃を請求することも可能です。

本ケースのように借主との信頼関係が不十分な場合は連帯保証人の要求が効果的です。実際、ほとんどの家主が借主に連帯保証人を立てることを要求しています。

連帯保証人を頼む相手については、法律に特別の規定はありません。身元がはっきりしており、ある程度の資力のある人に頼むとよいでしょう。

連帯保証人が決まったら、必ず連帯保証人本人に賃貸借契約書に署名と押印をしてもらいます。連帯保証人が遠方に住んでいる場合であっても、郵便などを利用して必ず連帯保証人本人の直筆による署名をとりつけることが必要です。

 入居予定者から「連帯保証人と会うのは少し後になるが先に入居したい」という申入れを受けたのですが、不安です。入居を拒否できますか。

 連帯保証人がいない場合は、一般に入居を拒否することができると考えられます。

　賃貸借契約では、連帯保証人を選任するよう求められることが通例です。借主は賃料支払義務を負うことになりますが、借主の支払能力の有無が重要であるところ、連帯保証人がいる場合には、万が一借主が賃料を支払うことができなくなった場合でも、連帯保証人から賃料の支払いを受けることが可能であるため、貸主にとっては、安心して契約に臨むことができます。

　入居にあたり、貸主は、借主が安定した支払能力があるかどうかを確かめるために入居希望者を審査します。これを入居審査といいます。入居審査では、入居申込書に、氏名・職業等を記載しますが、その他に連帯保証人に関する事項（職業・年収・勤務先・連絡先など）の記載が求められます。したがって、本来は賃貸借契約と連帯保証人と賃貸人との間で結ぶ保証契約は別の契約ですが、連帯保証人の存在が、いわば賃貸借契約の成立の要件になっていると評価することができます。そのため、入居予定者が連帯保証人を連れて来る前に、入居を希望したとしても、貸主はこれを拒否できると考えられます。また、この際、賃貸借契約の条件である連帯保証人を欠いていますので、賃貸借契約自体が成立していないものと考えることができます。貸主が前家賃などを受け取っているのであれば、全額返還する必要があります。

連帯保証人がいない場合に契約する家賃保証会社とはどのようなものなのでしょうか。デメリットはないのでしょうか。

賃料の保証をしてもらえます。ただし、保証委託料の支払いなどが必要になります。

賃貸借契約をする際に必ず連帯保証人を立てなければなりません。これは、賃借人が家賃を滞納した際に効率的に家賃を回収するためだと言われていますが、最近では「連帯保証人すら見つからない」「連帯保証人に資力があるのか不安だ」といったケースが増えてきました。このような場合に利用できるのが家賃保証会社です。貸主の立場からすると、家賃保証会社による保証が受けられるため、賃借人の家賃滞納などの問題を解決してもらえます。また、信用情報を管理しているため、賃借人や連帯保証人の経済面での審査をしてもらえますので、不良入居者を審査段階で排除することができます。ただし、賃借人が毎晩のように夜中に仲間を引き入れて大声で騒ぐといった迷惑行為などの予防や解決には積極的に介入してもらえませんので、その点は注意が必要です。

依頼する家賃保証会社についてはあらかじめ特定の会社が指定されていて借主が選べないことが多いようですが、借主が選ぶことができる場合、万一の際に確実に保証債務を履行してもらうことになるため、経済的信用性が高くある程度しっかりした会社にお願いしなければなりません。過去には大手の家賃保証会社が倒産したケースもありますので、慎重に決めなければなりません。

また、家賃保証会社によっては「保証してもらえる滞納賃料は

何か月分まで」「この部分は保証しない」など、保証内容や対象が違ってきます。家賃保証会社を利用する際には必ず各保証会社の保証条件を十分に確認するようにしましょう。

●**家賃保証会社にはデメリットもある**

　家賃保証会社の保証を受けることができれば、入居希望者は別途、連帯保証人等を選任する必要がありません。連帯保証人には、一般に親族等に依頼することが多いようですが、親族等に依頼することに躊躇する人も少なくありません。保証会社に保証を依頼できれば、そのような煩わしさから解放されることになります。ただし、保証会社との契約時に保証料がかかることに注意が必要です。また、保証会社によっては、保証委託料を要求したり、契約更新時に再度保証料がかかる会社もあるため、しっかり確認する必要があります。さらに、家賃保証会社は、不動産会社からの紹介で加入することになりますが、不動産会社が提携している保証会社との間で、保証契約を結ぶことになりますので、たとえば保証料が低額な保証会社を選ぶことなどはできません。

■ **家賃保証会社による保証のしくみ**

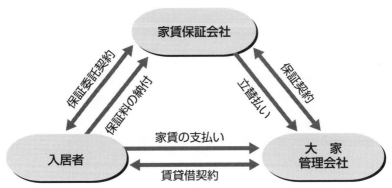

※ オーナー側(大家側)が家賃保証会社に支払う手数料などはなく、オーナー側の負担はないのが通常
　(オーナー側が支払う手数料があるとしても振込手数料程度)

Question 13 外国人入居者を入れる際の注意点を教えてください。

 暗黙の了解とせず、細部についても契約書に内容を明確に定めておきます。

　外国人といっても、国籍や人種、定住しているか、留学などで一時的に滞在しているかなどによって状況も異なりますので、外国人だからという理由ですべての入居希望者を除外してしまうのは乱暴です。ただ、生活習慣の違いや言葉の壁などがあることは事実です。長年日本に定住していて、日本の慣習に慣れている人はまだよいのですが、そうでない人の場合、「敷金」「敷引」といった日本の賃貸借契約の常識が通じなかったり、ゴミ出しのルールや共用部分の使用方法、騒音などをめぐって近所とトラブルになる確率が高いといった問題があります。

　このような問題への対策としては、契約の時点で細かい使用方法などを明確にしておく、という方法が有効です。日本人はとかく「暗黙の了解」を契約の場に持ち込みがちですが、特に欧米などでは契約書の記載内容が契約のすべてであり、記載されていない事に関しては配慮しないという傾向にあります。また、日本の慣習を知らないことから来るトラブルも多いわけですから、日本の習慣を知っておいてもらうことが大切です。

　さらに、パスポートや外国人登録証、ビザなどによって身元確認をしっかりと行う、日本人の連帯保証人をつけてもらう、就労証明書を提示してもらう、といった防衛策も必要でしょう。

Question 14

「解除の場合は家賃2か月分の違約金を払う」という条項があるマンションの賃貸借契約を結んだ翌日に解約する場合、入居前でも違約金は払わなければならないのでしょうか。

契約で定めた以上、入居前であっても違約金を支払う必要があります。

契約書に「入居前であっても契約を解除した場合は違約金を支払う」という記載があれば、違約金を支払う必要があります。

違約金とは、当事者のどちらかが契約に違反した場合、あらかじめ支払うことが決められている金銭のことで、契約違反があった場合の損害賠償金と同様の意味をもちます。

契約違反があり実際に損害が発生した場合、損害額の評価をすることは困難です。そこで、契約違反があった場合にあらかじめ損害賠償をする者が支払わなければならない金額（賠償額）を契約の中に定め、できるだけ早くトラブルが解決できるようにしました。これを「損害賠償額の予定」といいます。

本ケースの場合、契約翌日の解約であるため、相手にはまだ損害が発生していないかもしれません。しかし、相手側は、あなたが入居すると思って契約したはずであり、キャンセルされたらその期待を裏切ることになります。したがって、相手に損害が発生していなくても違約金を支払う必要があります。

なお、違約金を上回る損害が発生した場合であっても、借主が負う責任は違約金の限度内となります。一見不合理にも思えますが、賠償額が限定されているため、借りる人にとって有利な条項ともいえるでしょう。

 **来月より入居予定のマンションの賃貸借契約を交わそうとしたところ、契約すると入居前の月の日割家賃が発生すると言われました。日割家賃を支払う必要はあるのでしょうか。**

 たとえ入居前であっても、部屋を確保するためには家賃を支払う必要があります。

　たとえ入居前であっても家賃を支払う必要があります。契約は当事者間の合意によって成立し、成立時点で法的な効力が発生します。

　賃貸借契約に「契約開始日は○月○日とする」という定めがあれば、その日から契約の効力が発生するため、家賃負担も当然ながら契約開始日です。したがって、たとえ実際に入居していなくても契約開始日以降の家賃を支払う義務があります。

　入居していないのに家賃を払うのは一見不合理に思えますが、入居前に契約開始日以降の家賃を支払う行為は、契約の相手方である家主に契約開始日から特定の借主のためだけに部屋を提供する義務を生じさせる効果があります。

　入居前に支払う家賃は、部屋を確保するために必要な費用です。入居前の家賃といっても、契約日によっては日割で計算されることもあり得ます。どうしても入居前の日割家賃を支払いたくないという場合、実際に入居できる日まで契約開始日を遅らせるという方法がありますが、契約開始日を遅らせると家主が契約をしてくれないケースがあります。部屋にこだわりがあるのであれば、入居前の家賃を払う方法や、手付金の支払いにより居住権を確保する方法が有効です。

Question 16
契約したマンションの部屋にグランドピアノを搬入したいのですが、家主から何か言われそうで不安です。ピアノなどの大きな荷物を入れることに問題はありますか。

賃貸借契約書や管理規約で禁止されていない場合には入れることができます。

本ケースの場合、賃貸借契約書やマンションの管理規約などでピアノの搬入が禁止されていなければ、ピアノを部屋に入れることは許されます。

ただし、グランドピアノは大きいため搬入は大変な作業になります。搬入の際にマンションの廊下や壁などを破損しないように専門の業者に依頼する事をお勧めします。

ピアノを搬入できた場合でも、後日ピアノの音で隣人との間にトラブルが発生するケースがあります。防音の構造を備えないマンションではピアノの音は周囲の住人にとっては迷惑になりかねないことを念頭に入れる必要があります。隣人間のトラブルを予防するため、家主はあえてピアノの搬入を禁止する条項を契約書に入れることがあります。

また、マンションの管理規約に「ピアノの搬入を禁止する」といった条項を入れることがあります。この場合、賃貸借契約書に禁止事項がなくても、管理規約が優先されます。まずは、賃貸借契約書や管理規約でピアノの搬入を禁止しているかを確かめる必要があります。搬入を禁止している場合は、ピアノを部屋に入れてもよいマンションを新たに仲介してもらう必要があります。

急死した夫が開業した診療所を、息子が医師になるまで一時的に友人の医師に貸そうかと思っています。このような一時的な賃貸借契約を結ぶことは可能でしょうか。

共同事業としての契約であれば借地借家法の適用はありません。

　診療所は借地借家法の適用を受けることになるため、明渡しのときにトラブルが発生する可能性があります。

　一般的な一時使用目的の賃貸借の場合、借地借家法の適用がないため明渡しもスムーズに受けられますが、本ケースの場合、客観的には一時使用目的の賃貸借とはいえません。一時使用目的の賃貸借契約の判断は、単に期間の長短だけを基準にするのではなく、賃貸借の目的や動機なども考慮されます。

　契約書に「一時使用のため」という特約条項を定めても、借地借家法の適用を受けることから、息子さんが医師になった際に明け渡してもらえる保証はありません。また、期日が来ても明け渡してもらうべき「正当の事由」がなければ、明渡しを請求することができません。

　ご主人のような開業医であれば、診療所の設備や備品、診てきた患者さんがいることが想定されるため、診療所を借りる医師に話をして共同の事業とするのも１つの方法です。共同事業とすることで賃貸借契約ではなくなるため借地借家法は適用されません。

　ただし、患者さんや設備の管理方法などでトラブルにならないように事前に十分話し合っておくことが必要です。

Question 18 定期借家契約とはどんな契約なのでしょうか。

Answer 契約更新がないなど、様々なルールが法定されている借家契約です。

　定期借家契約とは、契約の更新がなく、期間満了によって終了する賃貸借（借家）契約のことをいいます。具体例としては、「3年」や「5年」の約束で契約をした場合、その期間が経過すれば、契約は終了することになります。

　定期借家契約は普通の借家契約とは異なります。つまり、契約を締結する際には、①必ず書面で「期間満了で賃貸借は更新なく終了する」といった条項を入れること、②契約書とは別に、定期借家であることを記載した書面を用意し、あらかじめ借家人に交付して内容を説明すること、などの一定の要件が必要になります。

　書面を交付しないで定期借家契約を結んでも、契約の効力は生じませんので、注意が必要です。また、定期借家契約書は、なるべく公正証書（公証人が法律に従って作成する公文書）によって作成するのが無難です。

　定期借家契約の賃貸の対象になる物件は、住宅用の建物に限らず、営業用建物や倉庫などでもかまいません。定期借家契約の期間には制限がなく、当事者間で自由に期間の設定をすることができます。しかし、特約がない限り賃料を随時、改定することができないため、契約期間を必要以上に長くすることは避けた方がよいでしょう。なお、1年未満の短期でもかまいません。

賃料を随時改定する特約を定める場合は、たとえば「毎年賃料を１％増額する」というように定めます。また、賃料の改定に制限をもたせる場合には、たとえば「期間中は賃料の減額を請求しない」というように定めることができます（借地借家法38条7項）。必要に応じて検討するとよいでしょう。

　期間が満了したときは、定期借家契約は確定的に終了します。終了したときは、借家人は、再契約の締結を要求する権利を有しません（賃貸人は、書面による再契約を結ぶことは可能です）。

　なお、契約期間が１年以上である場合、賃貸人は、期間満了の１年前から６か月前までに、建物賃貸借が終了する旨を賃借人に通知しなければなりません。このことを終了通知といいます。これより遅く通知した場合は、通知した日から６か月後に建物賃貸借が終了します（借地借家法38条4項）。契約書の条項において、こうした定めを置いていない場合であっても、賃貸人は借家人に終了通知を行わなければなりません。しかし、トラブルを未然に防止する観点からいえば、契約締結の際に取り交わす定期建物賃貸借契約書の契約条項の中で、こうした定めを入れておく方がよいでしょう。

　以上のことをふまえた上で、定期借家契約と通常の借家契約のどちらを選択するのがよいか、慎重に決めるようにしましょう。

■ 終了通知をする時期

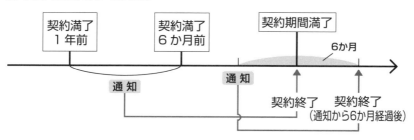

Question 19: 部屋を借りるときに2年という契約期間を設定されたのですが、本当に2年後には退去しなければならないのでしょうか。どうにかして避ける方法はありますか。

Answer: 契約書に更新をしない旨の記載がなければ、解約をしない限り自動更新されます。

本ケースの場合、借主から家主に解約を申し出ない限り、契約は自動的に更新されます。したがって、2年後に部屋を出ていく必要はありません。契約書に期間の開始日と終了日の記載があっても、これは賃貸借契約が契約終了日で満了し、その後は更新しないという意味ではありません。更新されない場合は定期借家契約に「契約は2年で終了し、更新はしない」などの条項を契約書に必ず入れる必要があります。

借地借家法は、「建物の賃貸借について期間の定めがある場合、当事者が期間の満了の1年前から6か月前までの間に相手方に対して更新をしない旨の通知または条件を変更しなければ更新をしない旨の通知をしなかったときは、それまでの契約と同一の条件で契約を更新したものとみなす」と定めています。

つまり、借主が家主に更新しない旨を通知するか、契約条件を変更しないと更新しないという内容を通知しない限り、自動的に契約更新されます。ただし、更新時には家賃が増減することもあるため、注意が必要です。また、更新した場合の契約期間には上限がないため、引き続き2年で契約する場合は2年間の契約となります。契約書に契約更新時の更新料支払いに関する条項があれば、その分の更新料を支払う必要があります。

終身建物賃貸借契約とはどのような制度なのでしょうか。

60歳以上の高齢者が終身にわたって借りることができる制度です。

　終身建物賃貸借契約は、高齢者が賃貸住宅に安定的に居住することができるしくみとして、「高齢者の居住の安定確保に関する法律」によって設けられた制度です。入居者の資格は居住するための住宅を必要とする60歳以上の高齢者です。

　認可を受けた賃貸住宅は、借地借家法の特例として、高齢者が終身にわたって賃貸住宅を賃借する契約を結ぶことができます。また、賃借人が生存している限り契約は存続し、死亡した時点で契約は終了します。なお、賃借権（借家権）は相続されません。本制度の適用を受ける賃貸事業者は、地方自治体の認可を受けて、終身建物賃貸借事業を実施することができます。認可には設備面の基準として段差のない床や、トイレ・浴室などへの手すりの設置などが求められます。

　終身建物賃貸借契約の入居者のメリットとしては、バリアフリー化された住宅に住むことができ、契約期間は終身にわたるため、安心して暮らすことができるという点が挙げられます。賃貸業者のメリットとしては、入居者が死亡した場合に原則として契約が終了するので、賃貸借契約の相続などの手続きが不要になり、相続人への立退料の支払いを回避できるという点があります。また、入居者が長期間住むことになるため、安定した収入が得られます。

第1章 ● 借家契約を結ぶときのトラブル　41

Question 21
重要事項説明書にはどんなことが記載されているのでしょうか。

仲介業者に説明が義務付けられている事項が記載されています。

　重要事項説明書は契約を交わす前に貸主ではなく仲介業者が借主に説明しなければならない事項です。重要事項説明書には「解約時の敷金の精算に関する事項」という項目があり、この中に原状回復費用に関する文章が含まれているはずです。仲介業者が説明を渋ったり、重要事項説明書を請求されても「契約後に渡します」などと言って説明を引き伸ばしたりすると、後々借主との間でトラブルになります。重要事項説明のうち、重要な項目には、以下のようなものがあります。

① **登記記録（登記簿）に記録された事項**
　抵当権などの権利が設定されているか否か、設定されている場合の影響を説明します。たとえば、抵当権が行使されると、新しい所有者から退去を求められる可能性があり、6か月の猶予期間が終了した後は、入居者は退去しなければならないことなどです。

② **飲用水、電気、ガスなどインフラの整備状況**
　飲用水などのインフラの整備状況について説明します。整備されている場合でも、何らかの特別な負担金等が発生する場合があれば、付け加える必要があります。

③ **賃料以外に必要な金銭**
　賃料以外に必要となる敷金や礼金、更新料などは、賃料以外の

重要な契約条件ですので、金銭の内容や金額などを説明します。

④ 損害賠償額の予定や違約金の内容

契約に違反したときの損害賠償額の予定、または違約金に関する定めがある場合、金額・内容などを説明します。

⑤ 敷金等の精算に関する事項

敷金など貸主に預ける金銭の精算について説明します。特に、退去時の原状回復費用との精算をめぐるトラブルは非常に多くなっていますので、原状回復の取扱いも含めて説明が必要です。

⑥ 法令に基づく制限

都市緑地法や、景観法などの法令による制限があれば説明します。東日本大震災以降は、津波防災地域づくりに関する法律による予想される津波による浸水の有無や、災害対策基本法による緊急避難場所などの説明義務が追加されています。

⑦ その他利用制限など

必要に応じて禁止事項があれば説明します。たとえば、ベランダに洗濯物を干せない、ペットが飼えないなどです。また、禁止行為を行うと契約違反になり、場合によっては賃貸借契約が解除されることも同時に説明が必要です。

■ 賃貸借契約を結ぶ際に説明を受ける重要事項の主な項目 …

●建物の賃貸借
・台所、浴室、便所などの整備状況
・契約の期間、更新について
・建物の用途や利用制限
・敷金や保証金の精算方法
・管理委託先の氏名、住所
・定期借家契約である場合にはその旨

●土地の賃貸借
・契約の期間、更新について
・建物の用途や利用制限
・金銭の精算方法
・管理委託先の氏名、住所
・契約終了時の建物の取壊しに関する事項
・定期借地契約である場合にはその旨

Question 22 物音がせず不審に思い部屋に入ったところ、高齢者の借主が寝たきりで亡くなっていました。今後、説明義務を負うのでしょうか。

死亡後、長期間が経過している場合には、説明義務が生じるものと考えられます。

　賃貸住宅の居室において、過去に死亡した人がいるという情報は、物件を探している人にとっては、確かに居住を敬遠してもおかしくはない情報だといえます。しかし、通常の病死の場合には、基本的には、仲介業者が、入居希望者に告知しなければならないという義務を負う事柄ではありません。

　しかし、病死の態様によっては、入居希望者が心理的に嫌悪感をもつ場合も考えられますので、その場合には、自殺者がいる場合と同様に、入居希望者に対して病死があったことを告知すべきです。それは、高齢者の借主等が、身寄りもないために居室で病死していて、しかも、死後相当の期間が経過していた場合です。なぜなら、死亡の事実の発見が遅くなった居室は、一般に腐敗した遺体の影響で異臭が満ちていたり、居室が汚損していることが多いためです。仮に、その後クリーニング業者が清掃を行い、異臭を消し、汚損部分を修繕したとしても、長期間放置された遺体があった居室には、心理的に居住したくないと考えるのが通常であるといえるため、仲介業者は、入居希望者に対して、病死した人がいた事実を告知する義務を負います（宅建業法47条1号）。

　したがって、高齢者の借主が寝たきりで亡くなっていることが発覚した場合、以後、説明義務が発生すると考えられます。

以前、入居者が自殺しました。仮に別の部屋や数年前の自殺、部屋以外の場所での自殺だったとしても、説明義務を負うのでしょうか。

場所や期間の経過等により、心理的嫌悪感が薄まったか否かにより異なります。

　ここでは、入居者が自殺した場合に早く新しい賃借人に入居してもらうために、賃貸人が採ることができる手段について検討してみましょう。部屋のリフォームや大幅な改装を行い、次の人が入居しやすくする工夫が必要です。

　自殺の痕跡をそのままにして何も知らない賃借人を入居させることは、法的問題を生じさせる可能性があるため、避けなければなりませんが、通常、そのようなことをする賃貸人はいないでしょう。

　では、自殺による賃料収入減少の損害は賠償請求してもらえるのでしょうか。そもそも、自殺によって損害が発生したとしても、すでに賃借人は死亡しているのですから、損害賠償義務を負う者はいないだろうとも考えられます。しかし、賃借人の財産を相続した人がいるのに、賃貸人の損害はその財産によって全くてん補されないというのは不公平な感じがします。ですから、その相続人がいれば、一定期間の賃料収入が見込めないことについて、損害賠償請求を交渉する余地はあります。このような損害賠償請求を認めた裁判例もあるようです。

　また、新しい入居者に対しては、その部屋で自殺があったという事実を説明する義務があると考えられます。賃貸借契約から当

然に導かれる義務ではありませんが、その部屋で自殺があった事実は、重要事項説明書に記載しなければならないとされています。自殺の事実について説明義務がないという立場もありますが、説明義務がないと考えたとしても、賃借人が入居後に自殺の事実を知れば、建物に隠れた瑕疵（契約時に通常の注意をしても気づかないような欠陥や法的な問題のこと）があったものとして、瑕疵担保責任を問われる可能性があります（民法570条）。

　部屋で自殺があった事実を知られてしまうと、新しい入居者は容易には現れないことが想像できます。しかし、説明義務違反や瑕疵担保責任が成立すれば、契約を解除された上、損害賠償も請求されかねません。このような不利益を負うくらいであれば、必要な説明は尽くした上で、安い賃料で入居してもらった方が、空室ができることを回避することができるでしょう。

　なお、すべての自殺のケースについて、説明義務を負うのではなく、一般的に、自殺が発生した場所・期間の経過年数・当該自殺の社会的認知度などを考慮して、なお、賃借人が居室を借り受ける際に、心理的嫌悪感を抱くか否かにより、説明義務の有無が異なると考えられています。下図が一般的な傾向といえます。

■ **自殺に関する説明義務の有無**

自殺の類型	説明義務の有無
住戸内で自殺した場合	原則あり
数年前の自殺	原則あり（2年間程度）
隣戸での自殺	原則あり
近隣住戸での自殺	原則なし
部屋以外の場所での自殺	原則なし

Q24 前入居者の使用状況や前科の有無などの個人情報の説明はどこまで必要でしょうか。説明しなかったことで責任を負うことはあるのでしょうか。

一般に、前入居者の使用状況や前科等に関する情報は、説明する必要はありません。

　宅建業法では、宅建業者に対して、入居希望者等に対して、判断に重要な影響を及ぼすおそれがある事柄については、必要な事実を告げないこと、そして、虚偽の事実を伝えることを禁止しています。たとえば、賃貸借契約の目的物である居室で、自殺など通常の亡くなり方をしていない場合には、説明義務が生じます。しかし、前の居住者がどのような人であったのかということは、入居希望者に対して、必ずしも重大な影響を及ぼす事実とはいえませんので、一般に貸主に説明義務はありません。

　そのため、たとえば前の入居者が、事件など犯罪者であっても、その事実について、不動産業者は入居希望者に対して、説明しなければならないという義務を負いません。むしろ、犯罪歴等は、個人のプライバシーに関する事柄ですので、公開してしまうことで、人の名誉・信用を侵害したとして、前の入居者のプライバシー侵害にあたってしまうおそれがあることに注意する必要があります。

　もっとも、前入居者の使用状況について、貸主に説明義務が生じる場合もあります。たとえば、長期間に渡り当該居室で性風俗店を経営していたような場合には、次の入居者が心理的に嫌悪感を持つことが通常ですので、当該事実は説明しなければなりません。

アスベストや浸水被害や違反建築物であることについて貸主は説明義務を負うのでしょうか。

貸主は重要事項説明書に記載の事項について、借主に説明義務を負います。

　壁面に吹き付けられたアスベストが露出している建物について、アスベスト粉じんにばく露したことによって、悪性胸膜中皮腫等に罹患するなど、重大な健康被害をもたらすことが判明しています。たとえば、賃貸借契約の目的物である建物について、アスベストの使用が発覚した場合に、貸主は借主に説明義務を負うのでしょうか。

　一般に、重要事項説明書において、アスベスト（石綿）使用調査結果の記録の有無を記載する欄が設けられていますので、アスベストの使用が発覚した際には、借主に説明する義務を負うものと考えられます。あわせて、アスベスト使用に関する調査を行った場合には、調査内容の詳細を借主に知らせる必要があります。

　そして、貸主は、借主に対して賃貸物件を契約目的にふさわしい形で使用・収益させる義務（民法601条）を負い、修繕義務を負担します。健康を阻害することが判明しているアスベストが飛散している建物を賃貸することは、使用・収益義務に違反しているため、アスベストが用いられている危険箇所を正確に把握し、早急に囲い込み・封鎖、除去などの適切な対処法をとらなければなりません。適切な対処をせず、実際に借主に健康被害が発生したような場合には、損害賠償責任を負うことがあります。

次に、大規模な自然災害が原因で、建物等に損傷が生じるおそれがあることについて、貸主はどの範囲まで説明義務を負うのでしょうか。

　まず、異常気象が激しい昨今で、台風などの暴風雨が原因で、賃貸借契約の目的物である建物等が、浸水するおそれがあります。異常気象等に関して、貸主が予見することは困難だといえますので、実際に発生した浸水等の被害は、貸主にとって不可抗力といえます。ただし、当該建物が、津波災害警戒区域内に指定されているような場合には、それは重要事項にあたりますので、あらかじめ借主にその旨を説明しておかなければなりません。過去に発生した浸水等の被害状況なども、貸主は説明しなければなりません。

　また、近年のわが国では、東日本大震災をはじめ、震度6以上の大規模な地震等が、たびたび発生しており、建物の耐震性基準が見直されています。これに伴い、新しい耐震性基準を満たさない、違法建築物の状況で、存在している建物等も少なからず存在しています。貸主は、当該建物の耐震診断の有無は重要事項ですので、説明義務を負い、耐震診断を受けている場合には、あわせて、診断内容を知らせなければなりません。

●建物が耐震性基準を満たしていない場合に貸主が負う義務

　耐震性不足の建築物は、違法建築物にあたりますので、貸主は、耐震性基準を満たすように、適切な補修や、場合によっては建替え工事等を行うことにより、借主が安全に建物を使用・収益可能な状態を維持しなければなりません。

　耐震性基準を満たさない建物について、建替えを理由に、借主に対して居室の明渡しを請求できるかどうかについては、一般に、貸主が借主に居室等の明渡しを求めるためには、「正当な事由」が必要です。耐震性基準は、借主の安全にとって極めて重要な事実ですので、一般に正当事由が認められることが多いといえます。

入居前に借主に対する鍵交換負担特約は有効でしょうか。特に鍵を変えずに入居した場合に、その後、盗難被害にあった場合には責任はあるのでしょうか。

鍵交換負担特約は一般に有効です。原則、盗難等の責任を賃貸人は負いません。

　賃貸借契約における目的物である居室住宅では、入居者が変われば鍵を交換して、新しい入居者が安心して住めるようにするのが一般的です。そして、本来的には、その費用は貸主が負担するものと思われます。

　もっとも、貸主によっては、鍵交換について、この費用を入居前の入居希望者に対して負担させる鍵交換負担特約を結ぶ場合があります。鍵交換負担特約は、借主に負担を負わせるようになっていますので、消費者契約法が禁止する、消費者（入居希望者）にとって不利な内容の契約ではないのかという点が問題になります。

　鍵交換費用負担特約については、契約締結時に仲介業者が口頭で説明していること、借主が鍵交換費用を負担する旨の特約であると明確に認識していることなどの条件を満たせば、結ぶことが許されるといえます。なぜなら鍵交換特約により、借主が自らの負担で鍵を交換すれば、前借主の鍵を利用した侵入の防止ができるなど、借主にとっても、防犯に役立つなどの利益になることがあるからです。そのため、借主にとって一方的に不利益な内容の特約ということはできないため、当該特約は消費者契約法10条違反ではないと判断される場合が多いといえます。

　また、賃貸借契約において、借主は借り受けている物件につい

て、勝手に変更等を加えることは許されませんので、貸主に無断で、鍵を交換することは許されません。

しかも、退去時に元の鍵に戻せば（原状回復）許されるというわけではないことに注意が必要です。なぜなら、修繕の場合はもちろんのことながら、貸主が緊急時に借主の居室に侵入しなければならない場合があるため、鍵が勝手に変わってしまっていると、このような場合に、貸主が居室に侵入することができないという不都合が生ずるからです。したがって、借主が自身の費用で居室の鍵を交換しようとする場合には、必ず貸主に相談の上で、行う必要があります。

●貸主が鍵を交換しなかった場合の盗難事件の責任

貸主が鍵を交換しなかったために、盗難事件が発生して、借主の所有物が盗難に遭ってしまった場合に、貸主が損害賠償責任等を負担するのでしょうか。

貸主の義務はあくまでも、賃貸借契約における目的物を、借主に使用・収益させる義務を負うのみです。したがって、借主の所有物を保護する義務まで負っているわけではありませんので、仮に鍵を交換しなかったことが原因で、生じた盗難事件であっても、貸主が借主に発生した損害について、損害賠償責任を負う必要はありません。

もっとも、鍵を交換しなかったことが原因で、起こった盗難事件のために、借主に生じた損害について、貸主が損害賠償責任を負う場合があります。それは、盗難事件について、貸主が予測することが可能であった場合です。たとえば、周辺で同様の盗難事件が多発しており、盗難事件が起こる可能性について貸主が認識していたのであれば、実際に盗難事件が起こり、これにより借主に損害が生じた場合には、貸主が責任を負うことになります。

敷金・礼金ゼロのアパートの家賃を滞納したところ、すぐに部屋の鍵が変えられ締め出されました。初期費用が安い物件は普通の賃貸借とは扱いが違うのでしょうか。

借地借家法の適用の有無など、不審な点を事前に確認することが大切です。

　問題のアパートは、敷金・礼金ゼロを強調する、いわゆる「ゼロゼロ物件」です。初期費用がなくても入居できるため、低所得者層にも人気があります。

　「資金不足で家に住めない人を減らしたい」という心遣いからこのような物件を提供する業者もいるようですが、トラブルが頻出しているのが現状です。本ケースのように勝手に鍵を交換されるケースや荷物の撤去、退去時の高額修繕費請求などのトラブルが後を絶ちません。

　通常の借家契約には借地借家法や宅地建物取引業法が適用されるため、借主は物件の詳細説明を受けることができ、契約期間や更新について法律上の保護を受けることが可能です。

　しかし、ゼロゼロ物件の場合、そもそもの契約が「建物賃貸借契約」ではなく「施設付鍵利用契約書」とされており、借地借家法が適用できないしくみになっていることがあり得ます。このような契約形態は借地借家法の脱法行為といえますが、このようなトラブルが起こる原因として、仲介した不動産業者が悪質ということもあります。本ケースの場合、まずは国民生活センターや法テラスなどを通じて弁護士などの専門家に相談するのが効果的でしょう。

入居者をフリーレントで募集する場合、どんなことに注意すればよいでしょうか。

一定期間の居住条件と違約金条項を設けておくことがポイントです。

　フリーレントとは、入居当初の数か月分の賃料を０円にする賃貸借契約のことです。近年「敷金・礼金ゼロ」のゼロゼロ物件を見かけますが、初期費用をおさえることで、多くの入居者を呼び込む狙いがあります。フリーレントも、「敷金・礼金ゼロ」と同様に、入居者を集める目的で利用されます。賃貸人の立場からすれば、空き室にしておくくらいであれば、無料で貸しても同じという面もあります。

　ただし、フリーレントには短期間で入居者に退去されてしまうと収益が赤字になるというリスクがあります。フリーレント期間の終了後に退去されてしまうと、ほとんど収益が得られない一方で、賃貸人は退去に伴う修繕費等の費用を負担しなければなりません。したがって、フリーレントを利用する場合は、一定期間住み続けることを条件にします。具体的には、契約書に、契約期間中の中途解約を認めない旨の条項を設けておきます。

　そして、入居者が条件に違反し、契約を中途解約した場合は、違約金を支払う旨の条項も用意しておきます。違約金の額は、フリーレント期間の賃料相当額以上の金額にします。また、無料にするのは「賃料本体」だけにして、共益費等の実費相当分は入居者に負担してもらうようにします。

Question 29 定額補修分担金の負担についての特約は有効でしょうか。特約が無効とされる場合はあるのでしょうか。

定額補修分担金に関する特約は、不当に高額である場合などを除き、原則有効です。

　建物の賃貸借契約において、借主は、日常生活を送る上で、通常発生する汚損等については、退去時に原状回復義務を負いません。しかし、賃貸借契約を締結するときに、退去後の回復費用等に充てるために、一定の金額をあらかじめ負担することを特約の内容として結んでおく場合があります。この費用を定額補修分担金といいます。定額補修分担金は、通常損耗等についての補修費用として、借主が契約時に一定額を支払う特約ですので、敷金とは異なり、原則として借主に返還されることが予定されていません。

　定額補修分担金の金額が、実際に借主が負担するべき原状回復費用よりも高額に及ぶ場合があります。そこで、定額補修分担金特約が、一方的に消費者にとって不利な内容の特約であるため、消費者契約法に違反して無効ではないかという問題があります。原則として、原状回復費用が高額になった場合でも、あらかじめ支払った金額に、追加請求が行われない点など借主の負担が軽減されるという利益があるため、消費者の利益のみが一方的に害されたとはいえないため、特約は有効であると判断されています。

　もっとも、賃料との比較などにより、あまりにも定額補修分担金の設定額が高額に上る場合には、無効になる場合もあることに注意が必要です。

第 2 章

部屋の使い方・周辺環境をめぐるトラブル

借りた部屋については、どのような用法で使用することも、借主の自由なのでしょうか。

原則として契約で定めた用法と異なる使用方法は、契約違反として許されません。

　建物の賃貸借の場合、周囲の環境や建物の構造、貸主の意向などによって、使用目的が契約書に明記されます。借主は、契約で定められた使用方法を守る義務を負いますので（用法遵守義務）、契約書に書かれた使用目的とは異なる目的で建物を使用することは、契約違反として許されません。

　たとえば、居住を目的に部屋を借りているのに、勝手に店舗や事務所など事業を目的に部屋を使えば契約違反です。貸主から契約を解除され、明渡しを求められることもあり得ます。場合によっては、損害賠償を請求されることもあるでしょう。

　ただ、事前に貸主の了解をとって、使用目的を変更することは可能です。その際、家賃の値上げや権利金を要求されることがあるかもしれません。変更を認めてもらうための条件として納得できるかどうか慎重に検討する必要があるでしょう。

　また、事業目的で建物の賃貸借契約を結んでいる場合には、特別の注意が必要です。事業の形態等によっては借地借家法が適用されないケースもあります。たとえば、居住用の賃貸借契約に比べて、借主が解約の希望を告知すべき期間が、3か月や半年など長めに記載されていることがあります。この期間中は他の場所に移転したくても、賃料を支払い続けなければなりません。

 犬を飼っていますが、引越し先の賃貸マンションの契約書にはペットに関する明記がありません。家主に一言断るべきでしょうか。また、ペットに関しての注意点はありますか。

 ペット飼育の禁止規定がない場合は飼育が許されますが、様々な配慮が必要です。

　借家の使用方法については、入居時に結んだ賃貸借契約で細かく定められるのが一般的です。借主としては、賃貸借契約の定めに従って、借家を使用する義務があります。

　部屋の使用方法をめぐるトラブルは、たとえば契約で定められた事項を守らないことによる問題や借家の修繕や補修を無断でした場合、家主による修理拒否問題などに分けられます。

　たとえば、家主がペットの飼育を禁止している場合はペットを飼うことはできません。賃貸借契約時に交わす契約書に「部屋でのペットの飼育を禁止する」などの条項があれば、当然ながら部屋でのペットの飼育は禁止で、現に飼っている場合は中止する必要があります。中止をしない場合は、賃貸借契約を解除されることもあります。

　一方、賃貸借契約の中にペットの飼育の禁止規定がない場合は、原則としてペットの飼育が許されます。ただ、飼育の際には隣人に迷惑をかけることのないように配慮する必要があります。また、部屋をペットが汚さないように心がける必要もあります。隣人への迷惑行為や部屋を汚して損害が発生した場合には、損害賠償を請求されるだけでなく賃貸借契約を解除されることもあるため、注意が必要です。

 賃貸のアパートやマンションの周辺環境をめぐるトラブルには、どのようなものがあるのでしょうか。

 隣室からの騒音の他、日照、景観、振動など、様々なトラブルがあります。

　アパートやマンションでは隣室からの騒音をめぐるトラブルなどが頻繁に発生しています。共同住宅では、ある程度の騒音などはお互いにがまんすべきものですが、その限度（受忍限度）を超えるような騒音なども珍しくありません。
　騒音トラブルが発生した場合、賃借人としては、まず賃貸人（管理人がいる場合は管理人）に騒音で迷惑をかけている隣人に注意してもらうようにします。周辺環境の問題をめぐるトラブルとしては、他にも、漏水、汚臭、日照、景観、共用部分の使用など、様々なトラブルがあります。日常生活におけるトラブルはほんのささいな問題が発展して、大きなトラブルになることも多いので、注意が必要です。

●日照権が妨害されたら
　日照権についての法律上の規制としては、たとえば建築基準法で定められている日影規制があります。日影規制は、隣地に落ちる影の時間を一定の時間内に制限しています。規制の対象となる建物は、用途地域により異なります。受忍限度内の日照妨害であれば違法とはなりません。日影規制を守らない建築物によって日照妨害が生じた場合、通常、受忍限度を超えているといえるでしょう。

●騒音や振動はどう規制するのか

　工場の騒音は騒音規制法によって規制されています。また、振動は振動規制法で規制されています。騒音規制法では、激しい騒音を発生する施設で、政令で定める施設を設置する特定工場などを規制の対象とし、規制基準を定めています。規制基準とは、敷地の境界線において出される騒音の大きさの許容限度のことです。都道府県知事が指定した地域内で振動を生じさせる建設工事や工場は、振動についての規制を受けます。たとえば、騒音や振動がマンション建設によるものであるときには、マンションの建築主と話し合うことが必要です。建築主が要求に対応しない場合には、都道府県や市区町村などの振動について扱っている部署に相談し、振動の程度を測定してもらいましょう。

●悪臭にはどうやって対応するか

　悪臭は、嘔吐や頭痛をはじめとする病気の原因や妊婦の流産など、人体に悪影響を及ぼすことがあります。事業用の賃貸の場合、食品が売れなくなるなど営業上の損害も発生することがあります。悪臭が社会生活上我慢すべきとされる受忍限度を超えている場合には、民法上の不法行為が成立し、損害賠償を請求することができます。

■ アパート・マンションの賃貸と近隣トラブル　………………

　　　周辺環境をめぐるトラブル ｛ 騒音 / 汚臭 / 日照 / 景観 / 共用部分の使用　など

Question 4 台風で割れた窓ガラスを借主が取り換えたのですが、費用を貸主に請求することは可能でしょうか。

原則として借主が支払った費用について、貸主に請求することが可能です。

　物を貸す際に、貸主はその物を借主の使用や収益の目的にかなった状態で維持・管理する責任があります。この維持・管理にかかる費用を必要費といいます。貸主が建物の維持・管理のために行う「修繕」は、目的物が破損や滅失、摩耗といった状態に陥った場合に、原状回復や現状維持を目的として行われるものですから、これも必要費のひとつにあたります。

　必要費は、貸主が負担する費用です。したがって、賃貸アパートやマンションでは、貸主が支出するのが原則です。

　しかし、貸主が速やかに必要な修繕をしないこともあり得ます。このような場合には、トラブルになることもあります。

　たとえば、「雨漏りがひどいので台風シーズン前に屋根を修繕してほしい」「シロアリ被害で建物が傾いてきているので早急に駆除と補強工事をしてほしい」といったケースのように、緊急性が高い場合です。このような状況では、貸主がすぐに修理をしなければ、借主は費用を立て替えてでも修理業者に工事を発注することになるでしょう。借主が建物の維持・管理に必要な修繕を行った場合、立て替えた費用については、後に貸主に対して償還請求を行うことができます（民法608条１項）。賃貸アパートやマンションで、台風で窓ガラスが割れてしまった場合、修理をしな

ければ、生活に支障をきたすものと思われますので、早急な修理が必要です。貸主が費用を支払い、修理するのが原則ですが、借主が割れた窓ガラスを取り換えた場合には、費用を貸主に請求することが可能です。

●必要費と認められる範囲

　修繕したり、補強、設備の増設をするといった場合、その内容は様々です。たとえば修繕一つとってみても、高級な材料を使って修繕するのと、近所のホームセンターで販売している材料を買ってきて、自分で修繕を行うのとでは、費用の面でもでき上がりの面でもかなりの差が出てくるでしょう。貸主側が自ら修繕や補修をするのであればよいのですが、借主が費用を立て替える場合には、必要以上の修繕をする可能性があります。必要以上に高級な工事をし、その費用を償還請求することができるわけではありません。

　必要費と認められるのは、その費用をかけなければ借主が使用や収益の目的を果たせないような、ある程度緊急性の高いものです。それ以上の部分については、有益費という別の費用として扱われることになります。

■ 必要費の償還請求

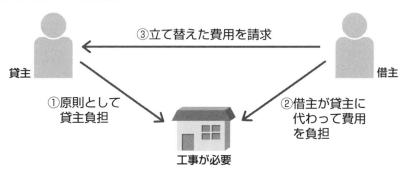

壁紙を新しいものに取り換えたのですが、費用を貸主に請求することは可能でしょうか。

壁紙の交換費用は、有益費にあたりますので、原則として貸主に費用請求可能です。

　古い壁紙を新しいものに交換すると、当然のことですが費用がかかります。このように、賃貸アパートやマンションの改良のために支出した費用のことを有益費といいます。「改良」とは、これまでの状態をよくして価値を高めることです。古い壁紙を新しくすれば、建物の状態がよくなり、その結果、建物そのものの価値が増すことになります。その点で有益費は、必要費とは違います。つまり、必要費とは、たとえばトイレの修理のように、その目的物を維持したり利用するのに最低限の機能を確保させるために費やされる費用のことを意味するのに対し、有益費とは、目的物の価値を増すためにかかった費用ということになります。

　請求できる有益費の金額について、たとえば、5万円を費やして壁紙を取り替えたものの、数年が経過して借主が建物から出て行くときにはすでに1万円の価値しかなくなっていたとします。この場合には、貸主は5万円ではなく1万円を支払えば足りるとされています。また、反対に、5万円の有益費を支出したことで、建物の価値が10万円に高まる場合もあるでしょう。しかし、このような場合は、借主が実際に支出した5万円を支払えばよいとされています（ただし、有益費償還請求権が特約で排除されている可能性はあります。236ページ）。

観測史上最強の台風が襲い、賃貸マンションのブロック塀が落下して通行人がケガをしました。部屋の借主の私が責任を負うのでしょうか。

ブロック塀の落下について過失が認められないため、借主は責任を負いません。

　賃貸マンションのブロック塀が崩落したために、通行人がケガをしたというような場合、土地の工作物責任が問題になります。
　土地の工作物責任について、民法717条1項は、土地の工作物の設置または保存に欠陥があったために、他人に損害が生じたときは、その工作物の占有者または所有者が賠償責任を負うと規定しています。
　この場合、占有者は工作物を事実上支配する者をいいます。占有者は、「損害の発生を防止するのに必要な注意をしたとき」は損害賠償義務を免れると規定しています。つまり、損害発生について過失がなければ、損害賠償義務を負いません。賃貸借契約に基づき、賃貸マンションを使用している借主は、占有者にあたります。もっとも、ブロック塀が落下した原因は、観測史上最強の台風ですので、通行人がケガをしたことについて、借主に過失があるとはいえません。したがって、借主が責任を負うことはありません。なお、占有者が責任を負わない場合、所有者（貸主）が責任を負うことになります。所有者は過失がない場合でも、責任を負わなければなりません。しかし、観測史上最強の台風が原因のブロック塀の崩落は、工作物の設置や保存に欠陥があるとはいえないため、貸主も責任を免れ得るものと考えられます。

Question 7 居住用として契約したマンションを、今後自営用の事務所として使用したいと思っていますが、可能でしょうか。

Answer 契約書で居住用と定められている場合は事務所として使用することができません。

　契約書の使用目的に居住用と明記されている場合は、マンションを居住用として契約しているため、事務所として使用することは原則としてできません。

　禁止の理由は、まずは周りの居住者に迷惑となるためです。マンションの一室で事務所や店舗を開くと来客の騒音などが周辺の居住者の迷惑になる場合があります。

　次に、そもそも居住用の建物の構造上、不適切になる場合が挙げられます。たとえば木造住宅の場合、建物の強度から考えても多数の商品を置く店舗として利用するのは不適切です。

　また、地域的にふさわしくないとされる場合もあります。たとえば、閑静な住宅街にあるマンションの一室で風俗店などを営むことはできません。

　もし無断で事務所として使用した場合、契約違反を理由に契約を解除される可能性があります。将来使用目的を変更する予定があるならば契約時に特約として明記しておくべきです。

　本ケースの場合、部屋が1階にある場合や周囲に事務所があるなどの事情があれば、家主が了承してくれる可能性があるかもしれません。ただ、賃上げや権利金を要求された場合は、納得できる条件かを慎重に検討しましょう。

 **マンションの一室が暴力団や半グレの事務所に使われているようなのですが、どうすればよいのでしょうか。**

 貸主を通じて、立退き請求や明渡し請求を行うことで対策を取ることが可能です。

　まず、直接の借主が暴力団等の関係者である場合には、問題の暴力団が、都道府県公安委員会で指定されている「指定暴力団」であるか否かによって対応が異なります。指定暴力団である場合には、暴力団対策法を根拠に、危険防止のために必要な措置をとることが可能です。土地建物を占拠するなど、指定暴力団に禁止されている行為を、マンション内で指定暴力団が行った場合には、都道府県公安委員会から「中止命令」や「再発防止命令」を出してもらうことが可能です。その場合には、信頼関係が破壊されたことになるので、賃貸借契約を解除後、立退きを要求することができます。

　指定暴力団でない場合や、暴力団関係者等が分譲マンションの区分所有者等である場合には、「建物の区分所有等に関する法律」に基づいて、立退きを要求することが考えられます。暴力団が建物の保全に有害な行為や他の区分所有者の共同の利益に反する行為をしていると判断できるときには、暴力団に対して行為の停止などの措置を求めることができます。また、暴力団の行為によって、他のマンション住民に著しい損害が生じた場合には、暴力団の専有する部分を明け渡すように請求することができます。これらの対策をとるように、貸主に相談してみるとよいでしょう。

 もうすぐ子どもが産まれますが、居住するアパートには子ども禁止の特約があります。子どもが生まれたら契約通り出て行かなければならないのでしょうか。

 子ども禁止の特約は一方的に不利な内容のため無効で、出ていく必要はありません。

　子ども禁止の特約は、借家人に一方的に不利な特約といえるため、無効です。したがって、子どもが生まれた場合でも居住するアパートを出ていく必要はありません。

　賃貸借契約では、「期間が満了すれば更新される」「家主の側から契約の終了を申し入れるには正当事由が必要」などのように、内容が法律によって制約される場合があります。ただし、多くの場合は借主を保護するために契約内容を制約しているのであり、借主に一方的に不利な条項は原則として無効です。

　子どもがいると部屋の痛みが早くなるなどの心配がありますが、部屋を貸す以上、家主はその部屋での生活を認めたことになります。また、子どもを育てることは夫婦生活において当然であり、子どものことまで契約書で制限する行為は行き過ぎだといえます。

　しかし、建物の造りによっては、子どもが生まれたことで隣人に迷惑をかけることが想定されます。小さな子どもに分別を求めるのは困難なため、常識的範囲内であれば周囲の人にも我慢を強いることになります。騒音などで迷惑になりそうだと考えた場合は、一番端の部屋に移してもらうなどの申入れをするのも、トラブル予防策のひとつです。

Question 10 ベランダの物置を撤去するように言われましたが、どのようにすればよいのでしょうか。

火災等の緊急時の避難に支障があれば、借主は撤去に応じなければなりません。

　集合住宅といっても、居住者それぞれの専有部分、具体的にはマンションの個室内は、原則として、借家人が自由に使用できます。それに対して、1階のロビーや廊下、階段、エレベーターといった共用部分は、居住者全員が共同して利用する空間なので、個人的に利用することはできません。
　では、問題になっているベランダはどうでしょうか。
　確かに、各部屋についていることからすると、居住者が自由に利用できるようにも思えますが、ベランダは居住者全員の共同の空間という性格も合わせ持っています。特に、賃貸マンションのような建物の場合、火災などが発生した場合に備えるための避難通路の確保が重要です。
　避難通路には、非常階段とは別に各部屋のベランダの天井や床に避難するための「避難口」が確保されています。このため、ベランダに物置などが置いてあると、火災などの緊急災害時に、邪魔になって避難ができなくなり、災害に巻き込まれる恐れがあります。また、消防署の定期検査で見つかれば、厳重注意されます。したがって、物置はすぐに撤去する必要があります。ただ、物置の大きさによって設置が許されることもありますので、賃貸人を通じて管理組合と相談してもらう必要があります。

家主の配偶者が「ペットとの同居が可能です」というので入居したところ、後に家主より「ペットは不可です」と言われました。このような場合、マンションの解約は可能でしょうか。

ペットと同居できるという要件が存在したという証拠があれば、解約が可能です。

　本ケースの場合、家主の配偶者がペットと同居できると申し出たとのことですが、その言葉がマンションの賃貸借契約の中身になっていることを証明できるかがポイントです。

　ペットの同居が認められていることを客観的に証明できれば解決が早いでしょう。最も確実なのは、賃貸借契約書にペットが同居できると規定されていることです。不動産の広告にペット同居可という記載がされていれば証拠になります。その場に居合わせた人の証言でもかまいません。

　マンション賃貸借契約の内容にペットの同居が含まれていることが明らかになったところで、解約の交渉に入ります。ペットが同居できることを内容とする賃貸借契約を結んだにもかかわらずそれが不可能だったということで、相手側の契約違反になります。

　本ケースの場合、契約違反を理由として賃貸借契約自体を解約できます。以前住んでいた借家の解約や引越しを行ったことから、それらの費用については損害賠償として請求することができます。

　なお、今からペットと同居できる新居を探すのは大変な労力を要することが予想されるため、今のマンションでペットも同居できるように家主と交渉する方法も考えられます。

 ペット禁止のマンション内で最近隣人が犬を飼い始めました。体毛や糞尿にも迷惑しており困っています。隣人に対して苦情を言いたいのですが、どうしたらよいのでしょうか。

 家主に頼んで被害の内容を詳しく説明し、注意をしてもらう方法が効果的です。

　本ケースの場合、まずは具体的な被害の内容を隣人に詳しく説明して、理解してもらう必要があります。

　ただし、近頃はささいな隣人同士の争いが惨劇の原因になることもあるため、よく知らない隣人の場合はあまり強くは言えないものです。自分で注意できない場合や注意しても聞き入れない場合は、家主と相談して、家主や管理人から隣人に注意してもらうとよいでしょう。賃貸借契約書では、ペットの飼育を禁止しているのが通常です。

　集合住宅で一般的にペットが禁止される理由は、鳴き声やにおいなどで周囲の住民に迷惑がかかるためです。生活環境を守ることは家主にとって重要な義務であるため、ペット禁止のルールを借主に守らせる管理責任があります。

　家主や管理人の注意が聞き入れられない場合は、契約違反として隣人の借家契約を解除するように家主と交渉してみましょう。

　なお、家主や隣人がペット禁止条項の逸脱行為を放置することは債務不履行にもなります。ただし、部屋の水槽で飼育している金魚など、周囲の住民の生活環境にほぼ影響を与えないようなものまで禁止することはできないため注意が必要です。

Question 13 和室の畳やふすま、障子の取り替えも修繕義務に含まれるのでしょうか。

日常生活に支障をきたす程度に損傷している場合には、修繕義務に含まれます。

　民法における賃貸物の修繕に関する規定では「賃貸人は賃貸物の使用及び収益に必要な修繕をする義務を負う」とされており、借家の多くの破損等の修繕費は貸主（賃貸人）である大家が負担するものと解釈されています。

　貸主の修繕義務に含まれるかどうかの判断は、基本的には、修繕を行わなければ、借主が借り受けている物件を日常生活において使用・収益をするのにあたり、支障があるかどうかによって決まります。

　したがって、原則として畳やふすま、障子に関しては、たとえば、変色をしたことを理由に、借主が、貸主に対して修繕を求めたとしても、日常生活に支障をきたすことはまず考えられませんので、貸主に修繕義務はありません。取り替えなどを行う場合には、借主自らが費用を負担して、必要な取り替え・張り替えなどを行うことになります。

　もっとも、長期間、通常の日常生活の中で使用し続けた結果、畳やふすまが、全く用途として使い物にならない程度に損傷した場合には、貸主に修繕義務が生じる場合もあり得ます。ただし、畳・ふすま・障子の張り替えなどの小規模な修繕は、借主が費用を負担するという内容の特約を結んでおくことが可能です。

「蛍光灯などの照明やエアコンの修理は借主の費用で行う」という特約は有効でしょうか。

借主に多大な負担がかかるわけでもないので特約は有効です。

契約時の特約で「入居中の大小修繕は賃借人(借主)が行う」と規定している場合など、費用負担をめぐって争いになるケースがあります。対策として、たとえば東京都では「東京における住宅の賃貸借にかかる紛争の防止に関する条例」で対応を定めています。「東京ルール」とも呼ばれるこの条例では、入居中の費用負担の一般原則として、借主の故意・過失や通常の使用方法に反する使用など借主の責任による修繕は借主が、それ以外の必要な修繕は貸主が負担するものとしています。

この条例は宅地建物取引業者に契約内容の説明を義務付けるもので、その内容は国土交通省が発行した「原状回復をめぐるトラブルとガイドライン」を考慮して作成されており、判断基準の一つとして参考になります。

貸主としては、通常の修繕の多くは貸主の負担と認識し、一部借主の負担を特約などで取り決める場合は契約時に入念に説明して合意を得るなどの対策が必要になります。

●蛍光灯の交換やエアコンの故障の取扱い

一般的な基準として、貸主である大家は、賃貸借契約において、目的物である居室について、借主が使用・収益できる状態を維持しなければなりません(使用・収益義務)。したがって、修繕義

務についても、基本的には、居室を使用・収益する上で支障があるか否かによって、修繕義務の有無が決せられることになります。まず、蛍光灯の照明等の交換についてですが、これは使用・収益に影響がでるほどの重大な修繕であるとはいえません。そのため、一般的に、契約において、蛍光灯の照明等の交換に関しては借主が費用を負担するという内容の特約を結んでいる場合が多く、借主に多大な負担がかかるわけでもないので、この特約は有効であると考えられています。

一方、エアコン、特にもともと設置されていたエアコン等の故障に関しては、貸主である大家が修繕義務を負うと考えられます。

具体的な金額により、修繕義務の有無が異なるというわけではありませんが、蛍光灯の照明等の交換にかかる費用は、多くても数千円程度です。これに対して、付設のエアコン等の修理費用は、一般に数万円から場合によっては数十万円の費用が必要になる場合があります。このような高額な費用について、仮に特約で借主が費用を負担すると取り決めていたとしても、この特約は借主に過度な負担を与えるため、特約の効力は否定されます。したがって、貸主である大家が費用を負担して修繕を行わなければなりません。

■ 修繕義務と費用負担の割当

貸主 → 賃貸借契約の目的物を使用・収益させる義務を負う

☆使用・収益に影響がある故障等について、修繕義務を負う

軽微な修繕に関する費用 ……… 借主負担とすることも可能
大規模な修繕に関する費用 …… 貸主が負担する

賃借予定の部屋に前借主による破損があったので修繕を依頼したところ、入居時までに修繕されておらずあちこちが壊れていました。修繕費は誰が負担するのでしょうか。

家主には前入居者退去後の部屋修繕義務があり、新たな入居者の負担分はありません。

　本ケースの場合、修繕義務は家主にあるため、新たな入居者が修繕費用を負担する必要はありません。

　前の入居者が部屋を出ていった後、家主には新たな入居者が通常使用できるように部屋を修繕する義務があります。修繕費用は家主が負担し、仮に新しい入居者が入居後に修繕すべき箇所を見つけた場合も家主が修繕をしなければなりません。

　前の借主が部屋を破損したのであれば、前の借主の敷金が破損の修繕費用にあてられるため、新たな入居者の敷金が修繕費用にあてられることはありません。入居後に破損している箇所が見つかった場合、家主か不動産会社に修理を求めることができます。

　今回の場合、破損のある部分を修繕するように家主にお願いした上で、これらの修繕がなされていることを前提として賃貸借契約を結んだのであれば、契約自体を解除することができます。

　部屋が気に入ったのであれば、再度家主に修繕を要求しましょう。なお、たとえば風呂場などに破損が見られた場合などは、壁の汚れとは別の扱いになります。風呂場が使えないと日常生活に支障をきたすため、賃貸借契約における家主の家屋修繕義務の対象になります。早急に修繕を依頼しましょう。

借家の部屋を子どもが乱暴に扱ったため、家屋が痛みました。修繕費用は見積によれば30万円とのことですが、これは誰が負担することになるのでしょうか。

修繕義務は家主にあるものの、費用負担は個別の相談が必要になります。

　借家の修繕義務は原則として家主にありますが、本ケースの場合、自分たちが傷めたことが明らかであるため、費用の負担については家主とよく相談して決める必要があります。

　家主には、借主が家屋を使用するために必要な修繕をする義務があります。たとえば、雨漏りや窓ガラスの割れなど、通常の生活に支障をきたすような場合には家主に修繕義務があります。この場合、修繕が必要になった事情が借主の側に責任があるとしても、家主は修繕を拒絶することはできません。

　しかし、借主が借家を傷めた場合に家主が修繕費用を負担するのは不公平だといえます。そのため、家主は借主が通常の使用目的を超えて乱暴に部屋を使用したことを理由に契約の解除や損害賠償を請求することができます。

　なお、借主による破損の度合いについての基準はありません。今回の場合のように子どもの乱暴で借家が傷んだとしても、傷みが通常の範囲内であれば家主は許容しなければなりません。

　つまり、部屋の傷んだ箇所の修繕は、たとえば修繕費用を家主と借主が折半して負担するなど、修繕費用の負担について家主とよく話し合うことが効果的な解決方法だといえるでしょう。

Question 17 借主の部屋の使い方がひどくて備品が破損したと思われるような場合でも修繕費用は家主負担になるのでしょうか。

 借主の故意や過失により備品等が破損した場合、修繕費用は借主負担になります。

　借主は、賃料を支払うことにより、賃貸借契約の目的物を使用することができますが、使用にあたっては、契約またはその目的物の性質によって定まった、適切な用法に従って使用しなければなりません（用法遵守義務）。

　確かに、貸主には修繕義務があります。しかし、賃料を支払っているからといって、借主が好きなように居室を扱ってよいわけではありません。そのため、通常の使用方法であれば生じないような居室の損傷等については、いくら修繕義務があるといっても、費用を貸主が負担しなければならないということにはなりません。むしろ、借主が居室を乱暴に扱う行為は、用法遵守義務に違反する行為だといえますので、借主の債務不履行にあたります。用法遵守義務違反によって、貸主が被った損害については、賃貸人は賃借人に対して損害賠償を求めることができます。したがって、乱暴に扱った結果、居室の備品等が破損した場合には、借主が費用を負担して修繕しなければなりません。

　また、貸主が修繕義務を負う場合であっても、修繕が必要な箇所等を発見した場合には、借主は貸主に修繕が必要である旨を通知する義務を負います。早期の通知を怠り、損傷等が拡大してしまった場合にも、修繕費用は借主負担になると考えられます。

Question 18

借家の屋根が破損して雨漏りがひどいため、家主に修繕を要求しました。ところが家主は修繕してくれません。このような場合、家賃の支払いを拒むことはできるのでしょうか。

 家主が生活に支障のある破損を修繕しない場合、借家人は家賃支払拒否が可能です。

　本ケースの場合は、借主は家賃の支払いを拒否することができます。家主は、建物の使用に支障がない状態で借主に貸さなければなりません。屋根が破損しているために雨漏りがするなど通常の生活に支障がある場合は、家主は家屋を修繕する義務があります。

　家主が修繕してくれない場合、借主は、家賃の支払いを拒否することができます。また、借主が自分で部屋を修繕してかかった費用を家賃と相殺（債務者と債権者が互いの債務を対当額で消滅させること）することも可能です。というのは、家賃は建物を不都合なく使えることを前提にして定められたものであるためです。

　ただ、生活する上でほとんど支障がない程度の雨漏りを理由に家賃の支払いを拒否するのは、民法の「信義誠実の原則（互いに信頼を裏切らないこと）」に反するため許されません。

　また、修繕費用は契約により借主負担が可能ですが、当事者間の特約で決めることであり、一方が反対すればこの特約は成立しません。ただ、契約上で修繕は借主負担としても、たとえば台風などで家屋に相当の被害があった場合に家屋の修繕費用の全部を借主に負担させることは困難です。事前に修繕する義務が発生するケースを定めておく必要があります。

 建物の修理期間、借主にホテルなどに一時的に住んでもらう場合、費用負担はどうなるのでしょうか。

 費用を貸主負担にすることはできませんが、修理期間中の賃料減額請求が可能です。

　賃貸借契約の貸主は、借主が居室等を快適に使用することができるように、良好な住環境を提供する義務を負います。そのため、居室等の建物の修繕が必要になった場合には、貸主は速やかに修繕を行う義務を負います。また、その一方で、貸主が修繕を行おうとする場合には、借主は正当な理由もなく、修繕を拒むことはできません。たとえば、修繕工事が大規模な工事になる場合には、居室の明渡しを借主に対して求めざるを得ない場合があります。このとき、借主は、貸主の請求を退けることができません。

　修繕が特に大規模な範囲に及ぶ場合には、借主は居室を使用することができず、ホテルなどの仮住まいを探すことになります。仮住まいが必要になったのは、貸主が行った修繕工事などが原因ですので、仮住まいに必要な費用等を貸主が負担しなければならないのでしょうか。

　仮住まいといっても千差万別ですが、仮住まいの家賃等の全額請求については、通常認められない可能性が高いでしょう。しかし、仮住まいをしている際には、借主は、本来の契約上の目的物である居室を使用することができないため、貸主に対して、仮住まいを行っていた期間に応じて、賃料の減額請求が認められる場合があります。

気分を変えるため、今住んでいるアパートの壁紙と床板の張替えをしようと思うのですが、家主の承諾をとらないと契約を解除されるのでしょうか。

部屋の本体に手を加える模様替えは、事前に家主の許可をとる必要があります。

　本ケースの場合は、必ず家主の許可を取ることが必要です。通常、賃貸借契約書では、借主が家主に無断で改築や改装をすることを禁じています。賃貸物件に手を入れられると、家主は困ってしまいます。そのため、柱に釘を一本打っただけでも補修費用を請求されることがあります。

　模様替えは部屋の本体に関わるため、必ず家主の承諾を取らなければなりません。家主に無断で模様替えをした場合、更新時の更新拒否や契約解除の可能性があります。

　模様替えの程度については、たとえば床のじゅうたんやカーテンを取り替えるなど、部屋の本体に手を加えないものであれば特に承諾を得る必要はありません。一方、壁紙の張り替えや壁への塗装、フローリングや新たなクローゼットの建て付け、防音・断熱のためのサッシを二重にするなどの場合は、仮に原状回復が簡単にできる程度であっても家主の承諾を得てから行う必要があります。

　本ケースの場合、内容が壁紙と床板の張替えであるため、単なる模様替えではなく増改築とみなされる可能性があります。大がかりな模様替えをする時は、必ず家主に相談をしてから行うことが重要です。

「使用状況が変わる場合には承諾料を支払ってもらう」と言われたのですが、具体的にどんな場合に承諾料の支払いが必要になるのでしょうか。

部屋の増改築や部屋の譲渡・転貸をしようとする場合、該当する可能性があります。

　承諾料とは、ある条件を飲んでもらう代わりに支払うお金です。承諾料は、契約において貸主が禁止していたことを、金銭の支払いを条件として、認めてもらおうという広い概念ですが、どのような場面で発生するかによって、ある程度、種類を分けて考えることができます。承諾を要する場面としては、借りているアパートやマンションの部屋の増改築、部屋の譲渡や転貸などがあります。

　マンションの部屋を賃貸するときは、賃貸借契約を結びますが、多くの場合は増改築を禁止する条項が置かれています。仮に、このような条項がなかったとしても、借主が勝手に増改築をすることは違法です。

　たとえば、購入したマンションの部屋を他人に貸した場合には、貸主の知らない間に室内の壁が勝手にピンク色に変更されたり、和室だったのが洋室になっていたということがあっては困ります。したがって、マンションの建物賃貸借契約では、承諾料を払う、払わないという次元ではなく、増改築を全面的に禁止しているのが通常です。

　また、譲渡や転貸の問題もあります。譲渡とは、賃主が賃借権を他人に譲り渡すことをいいます。転貸とは、借主が、借りている物をまた貸しすることをいいます。貸主は借主の人柄や経済状

第2章 ● 部屋の使い方・周辺環境をめぐるトラブル

況を信頼して貸しているのであり、借主がいつの間にか変わってしまっていては困るので、原則として譲渡や転貸は認められません。ただ、承諾料を支払うことによって、転貸や譲渡を認めてもらえることもあります。この場合の譲渡の承諾料のことを名義書替料ということもあります。

　使用状況の変化に伴うものとしては、自宅用として借りていたにもかかわらず、事務所の看板を出す、あるいは一部を店舗として使用するといったケースが考えられます。もっとも、法律上問題になるような使用はできませんが、法律の範囲内であれば、貸主と借主の合意があれば使用方法の変更を認めてもらうこともできるでしょう。

　承諾料の相場について、借家の場合には借地のような規定がないため、相場というものが考えにくく、当事者の話し合いによることになります。貸主が拒否すればそれまでです。

■ 賃貸人が承諾を検討する主なケース

建物の増改築
年月の経過や賃借人の家族構成の変化による増改築の必要性

譲渡・転貸
居住者の変更を受け入れるかどうか

使用状況の変化
業務用物件としての利用や営業方法の変更を承諾するかどうか

環境の変化
他人の通行を認めるかどうか※など

※「他人の通行を認めるかどうか」とは、自分の住んでいる場所から公道に出るためにやむを得ず他人の土地を通らなければならない場合、承諾料を支払って通らせてもらうというようなケースのこと。

改築の際に家主から承諾料を要求されましたが、金額が高額で納得できません。どうすればよいのでしょうか。

家主と交渉し、折り合いがつかない場合は調停の利用などを検討しましょう。

　たとえば、借りているマンションのお風呂場が古くなり、改築したいと思っているような場合、借主はまず、借主と家主との間で交わされた賃貸借契約の内容をしっかりと確認する必要があります。

　契約の中に、増改築工事について禁止している条項や、賃貸人である家主の承諾を必要とする条項があれば、家主の承諾を得ずにお風呂場を改築することは、契約に違反することになります。また、契約で承諾料について定めていて、それが相当な金額である場合には、承諾料を支払う必要があるでしょう。

　家主が承諾料を請求している場合、それを無視して、借主がお風呂場の改築を強行することは、トラブルの原因になりますので、避けた方がよいでしょう。

　家主には何の迷惑をかけるわけでもないのに、家主から高額な承諾料を請求されるというケースも少なくありません。借主としては、承諾料の支払いに納得がいかないと思う場合もあるでしょう。そのような場合は、もう一度、家主と金額の点で話し合ってみましょう。それでも、折り合いがつかないようでしたら、簡易裁判所に民事調停の申立てをして、解決を図るのがよいでしょう。

一戸建ての借家に学生の甥を同居させようとしたところ、家主より「転貸になるから承諾料を支払ってほしい」といわれました。承諾料を支払う必要はあるのでしょうか。

承諾料を支払う義務はないものの、今後の関係維持のために支払う方が効果的です。

　本ケースの場合、甥を同居させることは、家主が言うような転貸（また貸し）には該当しません。

　甥が独立の世帯を形成しているような場合であれば転貸になりますが、甥の保護者として同居するのであればその甥の生活は独立しておらず、同居は許容範囲内の行為となるため、転貸したことにはなりません。

　しかし、家主からの承諾料の支払いをむやみに拒否すれば、家主との信頼関係を損ねることにもなりかねません。今後も長く良好な関係を維持したいのであれば、法律上の義務はないものの、いくらかでも承諾料として、家主に支払っておいた方がよいでしょう。

　地方によって相違はあるものの、慣習的に承諾料を払っているケースは多く見受けられます。したがって、承諾料の支払は有効となるでしょう。

　なお、賃貸借契約の当事者間の信頼関係が完全に破壊されるような「背信行為」があった場合は、契約を解除されることもあります。したがって、甥が非常識な行動をとらないようにあらかじめ注意しておく必要があるでしょう。

借りている店舗を花屋からレストランに替える予定で、店舗の改装と設備の入れ替えが必要です。このような場合には、家主の承諾が必要なのでしょうか。

使用方法が当初契約と異なるため、改装前に必ず家主の承諾を得る必要があります。

　本ケースの場合は、必ず家主の承諾を得る必要があります。店舗利用が許可されている場合でも、花屋とレストランでは店舗の傷み具合が異なるため、使用方法が当初の契約とは全く別になります。

　店舗の改装に家主の事前承諾が必要なケースには、改装が借家人の負う借家の保管義務に反する場合があります。店舗の改築や設備の入れ替えは家主の建物に手をつけることになるため、事前承諾なしで行うと借主の保管義務違反になります。そして、借主の保管義務は契約上の義務であるため、保管義務に違反した場合には、契約違反を理由として賃貸借契約を解除される可能性があります。また、事業態様の変更が建物の使用目的違反になる場合にも事前承諾が必要です。

　本ケースでは、まず、事業態様の変更を制限する特約があるかを契約書で確認します。たとえば「契約で定めた事業態様を別の事業に変更してはならない」という変更禁止事項があれば家主の事前承諾が必要になり、承諾なしの変更は契約解除の原因になります。なお、家主の賃貸借契約による使用目的制限行為は、建物保護の観点とビル管理上の要請から合理的なものとして認められています。

賃貸マンションに住んでおり、仕事上昼まで休息をとっていますが、早朝より上の階の子どもが騒がしく注意しても聞かないので困っています。対処法を教えてください。

家主の協力を得て改善を約束させる方法や、自身で訴訟を起こす方法があります。

　本ケースの場合、まずは家主に申し出て、静かにするよう注意してもらいましょう。さらに、上の階の床がフローリングである場合には、じゅうたんなどで防音のための工夫をするように言ってもらいます。

　それでも改善しない場合は、家主に改善を勧告する内容証明郵便を出してもらいます。そして、最終的には、調停を申し立てるか契約解除の訴訟を起こしてもらうように働きかけます。騒音に加えて振動も我慢できない程度のものであれば、家主に明渡しを請求してもらえる可能性があります。

　家主が非協力的な場合は契約解除の訴訟を起こすことができないため、自分で上の階の人と家主を相手に損害賠償を求める調停や訴訟を起こすことになります（206ページ）。調停の場合、金銭支払は期待できないものの、迷惑の度合いを相手に理解させることや、今後は騒音を出さないという約束を取り付けることができる可能性があります。

　ただし、訴訟の場合、騒音や振動の被害が一般的な我慢の限度を超えているかが問題となります。訴訟で認められる賠償の金額は慰謝料としては多くありませんが、勝訴すれば相手方に騒音を出させないようにして生活することができます。

隣室から聞こえる音楽や楽器、大声などの騒音に悩まされています。別の部屋への移動を希望していますが、手間と金銭がかかるため悩んでいます。対処方法はありますか。

家主や不動産会社に相談して、隣室の人に注意してもらうように依頼します。

マンションやアパートは壁１枚隔ててすぐ隣家となるため、できるだけ近隣に迷惑をかけないように配慮する必要があります。これは、賃貸借契約書に隣家への配慮義務が明記されていない場合でも、信義則上当然に生ずる義務といえます。

近隣への配慮として、たとえば、①隣家の生活環境を乱すような騒音を出さない、②害を及ぼす臭気を出さない、③共用部分を占拠し続けない、などが挙げられます。

本ケースのように、隣室の音楽や楽器の音、または大声で会話などの非常識な状態が続くような場合は、断固とした措置をとるべきです。

措置の方法としては、まずは家主や仲介してもらった不動産会社に相談して、隣室の住人へ厳重注意をするように申し出ます。ただし、口頭での注意のみで済ませてしまうと、隣人がそれ以後注意を守ってくれるかどうかわかりません。そのため、騒音が止まない場合には内容証明郵便で警告してもらえるように不動産会社に頼んでおくと効果的です。

また、簡易裁判所に調停を申し立てる方法もあります。調停では、調停委員が相手方を根気よく説得してくれる場合もあり、多少の時間はかかるものの、解決に至る可能性があります。

Question 27 賃貸マンションの2階に住んでいますが、下の階のテナントにゲームセンターが入居して日々騒音に悩まされています。何かよい解決手段はないでしょうか。

家主の注意と行政指導で解決を図りますが、解決できない場合は訴訟を検討します。

　建築基準法上、地域によってはゲームセンターがマンションの一室に入居することが認められています。しかし、ゲームセンターの騒音は、営業時間が深夜に及ぶこともあるため、上の階に住んでいる人たちにとっては大変迷惑なものです。

　本ケースの場合、まずは家主を通じて注意をしてもらう方法や、近隣住民と一緒になって交渉する方法があります。特に、家主が利用用途を承知で部屋を貸していた場合には、家主に強く抗議すべきです。マンションにゲームセンターを入れる場合、家主には騒音対策をする義務があるためです。

　話し合いで解決できない場合は、自治体に相談してみるとよいでしょう。まずは市役所などの騒音指導課や公害課などの担当部署に申し入れて、どの程度の騒音なのかを調査してもらうことから始めます。各自治体では騒音規制条例を定めているため、騒音規制の上限を超えた場合にはゲームセンターに対して行政指導や停止命令などの厳しい措置がとられます。

　行政によっても解決できない場合には、訴訟で解決する方法があります。訴訟では、騒音の差止や損害賠償が認められる可能性があります。どんな騒音なのかを証明する義務があるため、事前に弁護士などの専門家によく相談してみましょう。

隣人から騒音に関する苦情が数回寄せられました。心当たりがありませんが苦情が重なり「家主に退去命令を出してもらう」とまで言われました。どうすればよいでしょうか。

建物の構造上の問題が考えられるため、原因を探る必要があります。

　本ケースの場合、騒音の原因を探る必要があります。マンションに限らず、隣り合って居住する者同士は生活環境を侵害しないように相互に注意する義務があります。そして、隣人が迷惑を被っている場合には、騒音を出さないようにする義務があります。
　騒音がひどい場合には慰謝料の請求が認められることもありますが、多くの人間が共同生活を営んでいる現在、特に都市部では社会生活上ある程度の生活侵害はお互いに我慢すべきでしょう。我慢すべき範囲内であれば、責任は発生しません。
　本ケースでは、かなりの回数の注意がなされていることから、騒音自体は許容範囲内の音量にすぎないかもしれません。ただ、客観的に判断する必要があるため、どの程度の騒音なのかを隣人の部屋で測定する方法をとります。かなりの騒音がするようでしたら、その原因を探る必要があります。
　原因の一つには、マンションの構造上の欠陥が考えられます。隣人の部屋との間の壁が構造上、防音の役割を全く果たしていない可能性があるためです。同じマンションの別の個所で同じ症状があるかなどを調査してみましょう。マンションに構造上の問題が発見された場合は、居住者に責任はありません。

真上の階の住人が排水管を壊したようで、部屋に大量の水が漏れてきました。着物や桐タンス、布団などが水浸しになったため上の住人に賠償請求したいのですが、可能ですか。

受忍限度を超えた損害といえ、加害者とされる住人や家主への賠償請求が可能です。

　アパートやマンションなどの集合住宅の場合、隣人との関係において受忍限度の範囲内であれば、ある程度の生活騒音などは仕方がないといえます。通常に生活する場合でも、ある程度の音などは発生することが予想されるためです。しかし、本ケースの場合は、明らかに受忍限度を超えた損害といえるでしょう。

　このような場合、受けた被害について、たとえば衣服のクリーニング代や、使用不能になったものなどの賠償を、上の階の住人に対して請求することが可能です。

　なお、マンションに住んでいる場合、家財などの損害保険に加入しているケースが多くあります。上の階の住人もしくは被害者が損害保険に加入しており、その保険会社から水漏れについての保険金が支払われる場合であれば、原則として上の階の住人は免責されることになります。ただ、支払われた保険金で補てんしきれなかった損害があれば、その部分について上の階の住人に賠償請求をすることができます。

　なお、上階の人が普通に水道を使用しているにもかかわらずマンション自体の構造上の欠陥により水漏れをしたという場合は、上の階の住人には何ら責任が生じません。この場合は、被害者が家主に対して損害賠償を求めることになります。

電気ストーブを消し忘れてアパートを全焼させてしまいました。死傷者はありませんでしたが、この場合燃えてしまった家財などに対する賠償問題はどうなるのでしょうか。

重過失があればすべての住人に対して損害賠償する必要があります。

　失火によって第三者に損害を与えた場合、失火責任法という法律が適用され、故意（わざと）あるいは重過失によって失火を起こしたときに責任が生じます。

　重過失とは、わずかな注意を払えば結果を予見できたのに、注意を払わなかったという場合です。たとえば、本ケースのストーブが、高温時には自動的にストップする機能があるストーブで「消し忘れても火が出ることはない」と信じていた場合であれば重大な過失とはいえません。常識的に考えて、こんなことになるとは考えもしなかったといえる状況であれば、重大な過失がなかったといえるのです。

　放っておくと加熱してまわりに火がつく場合や、「火気厳禁」と表示されたガソリンやシンナーなどを部屋に置き、これに引火して火事が起こった場合は、重過失になり得ます。

　本ケースの場合、まずは火事を起こしたことについて重過失があったかを検討する必要があります。重過失があったのであれば、住人すべての損害について賠償をする必要があります。

　ただし、借りていたアパートの一室自体の損害については、軽過失と判断された場合でも賃借人の義務違反を理由として賃貸人に対して賠償しなければなりません。

第2章 ● 部屋の使い方・周辺環境をめぐるトラブル

居住するマンションの1階の壁にペンキの落書きがあります。壁が汚れて不潔な感じがして不愉快です。どのように防止策をとればよいでしょうか。

家主に落書きを除去してもらい、張り紙や通報などで防止策を講じます。

　ペンキで壁に落書きするのは「建造物損壊罪」（刑法260条）という罪に該当するため、本ケースのような落書きの再発を防ぐ方法としては、警察に届け出るのが効果的です。まずは、壁に「落書きは警察に通報します」などの貼り紙を掲示し、取締りを開始したことを犯人に知らしめます。それでも落書きが再発する場合は、警察に依頼して周辺地域を定期的に見回ってもらいます。

　住人同士で監視をする場合、監視の時間を分担して協力態勢を整えておきましょう。昨今は、落書きなどの軽犯罪に対する取締りが厳しくなっていることから、警察にお願いして犯行を目撃した際の対応策を事前に教わる方法も有効です。犯人を発見した場合、現行犯であれば私人が逮捕をする行為が許されますが、危険が伴う場合にはカメラで証拠写真を撮り、警察に捜査を依頼するとよいでしょう。また、家主も被害者であることから、防犯カメラなど防犯設備の設置を依頼する方法があります。ビデオカメラは、警察の捜査に協力する上でも有効です。

　なお、壁の落書きを消すことは建物の修繕にあたるため、家主には落書きを消す責任があります。ペンキで落書きされたままの状態は、一般的な美的感覚からすれば非常に不愉快であるため、家主に消去作業を依頼することができます。

景観の良さが売りのマンションに居住していましたが、隣に高層マンションが建ったために見晴らしと陽当たりが悪くなりました。何か対抗手段はないのでしょうか。

日当たりについては、日照権保護の問題で被害の訴えや損害賠償請求が可能です。

　賃貸住宅における日照権や景観は保護されているため、日照や景観について権利主張ができます。借家権は、第三者に対して主張できる権利であるため、直接被害を訴えることや損害賠償を請求することが可能です。
　マンションを建設する場合は、建築基準法の規定に従って建設しなければなりません。また、建築物が隣地にもたらす日影の時間についても規制されており、隣地に一定時間以上の日照が確保されるように配慮されています。日影規制の基準は、各自治体が気候、風土、土地利用状況などを考慮した上で適切な基準を設定して条例で定めることになっています。したがって、マンション建設時に建築主が日照妨害を予見していたことが証明できれば、損害賠償が認められることもあります。
　一方、景観などを楽しむ権利を眺望権といいますが、眺望に関する法律はなく、眺望を権利として主張することは困難です。ただ、①眺める価値のある景観がある、②良い眺め自体がその場所の価値を決定づけている、③良い眺めの保持が周辺土地利用と調和を保っている、④良い眺めを楽しむ者が、その場所の所有権や賃借権を持っている、などの要件を満たす場合は、判例でも眺望の妨害者への損害賠償請求が認められています。

同じアパートの隣人宅から生活排水による悪臭が発生し、私の部屋は風下にあるため体調を崩すなどの悪影響が生じるなど、非常に困っています。対処法はありますか。

原因を突き止めることが重要であり、まずは家主に排水設備の点検を依頼します。

　本ケースの場合、まずは悪臭の原因を突き止めることが重要です。原因が隣人の廃水処理の方法なのかアパートの排水設備の欠陥なのかによって、対処の方法が変わるためです。

　方法としては、まずは家主に申し出て、アパートの排水設備の点検を依頼します。排水設備に構造的な欠陥がある場合は、家主がその修繕を行わなければなりませんし、費用は当然ながら家主が負担します。場合によっては大がかりな工事が必要になり、アパート全体の問題となる可能性もあるため、家主や工事業者と綿密な話し合いをしておくことが大切です。

　排水設備に問題がなかった場合は、原因とされる隣人との話し合いの機会を設けてもらいます。実際に隣人と話をした上で隣人の排水処理に問題があると判明した場合は、隣人に改善を求めていくしかありません。トラブルを避けるため、家主に間に入ってもらうとよいでしょう。

　隣人が話し合いに応じない場合、または改善の見通しが立たない場合は、最終的に裁判に訴えることも視野に入れておきます。隣人宅からの悪臭が社会生活上我慢すべき受忍限度を超えている場合は、不法行為が成立し、隣人に対して損害賠償を請求することができるためです。

第3章

家賃の支払をめぐるトラブル

Question 1
高層階へ入居したのですが、契約の手違いがあったらしく、不動産会社から、低層階への移動か差額家賃の支払いを指示されました。対処法はありますか。

入居済みであれば契約は有効であり、差額支払いや移動に応じる必要はありません。

　契約の手違いで家賃が本来より低額であったり部屋を間違えられたような場合でも、それは不動産会社と家主の問題です。契約の手違いについては不動産会社が責任を持つべきで、入居者が責任を負うことはありません。したがって、要求されている差額家賃の支払いや部屋の移動に応じる必要はありません。

　契約した部屋の鍵を受け取った場合や家具を運び入れた場合などは、入居した部屋の引渡しをすでに受けたとされるため、入居した部屋について「対抗力」を持ちます。対抗力を持つことにより、家主だけではなく他人にも入居した部屋の権利を主張することが可能になります。

　手違いで今の部屋の契約をしたとしてもその契約は有効であり、不動産会社にその旨を主張できます。また、家主が代わっても新しい家主にその権利を主張できます。逆に引渡しを受ける前に別の借主が先に引渡しを受けた場合は、自分がその部屋の借主であることを主張することができません。

　ただ、家主とは長いおつきあいになることから、争いたくないのが通常です。そこで、入居した部屋を譲ることで、その代わりに別の部屋の家賃を値下げしてもらうなどの交渉をしてみるのも一つの方法だといえます。

 居住する賃貸マンションの家主より、家賃引き上げの通知が届きました。値上げに応じるのが難しく、現状維持を希望していますが、どのような方法をとればよいでしょうか。

 「一定期間は増額しない」という特約があれば、値上げは認められません。

　賃貸借契約で定められているマンションの家賃の額は、家賃変更について別途条項を置いている場合を除いて現状の額で固定されます。民法上の原則では、家賃の額を貸主と借主のどちらかが勝手に変えることはできません。

　ただし、当事者には借地借家法により将来に向かって賃料の増減を請求する権利が与えられている場合があります。たとえば、マンションの建っている土地やマンション本体に対する税金その他の負担額の増減によって価格が増減した場合や経済情勢の変化により土地やマンションの価格が増減した場合、または付近の同じようなマンションの家賃と比べて不相当な額になった場合などが挙げられます。

　ただし、この増減の請求は、賃貸借契約に「一定期間増額しない」という特約がある場合にはできません。本ケースの場合もこの特約がなければ、家主が一方的に増額することは認められません。一方、増額しない特約がなければ、家賃の増額の請求は認められます。増額される金額について話し合っても納得ができない場合は裁判で決着をつけることになり、裁判が確定するまでは相当と認める額を支払うことになります。一時的に供託（221ページ）を利用する方法も有効です。

家主より家賃の値上げの話がありました。値上げ幅が大きいため交渉をしましたが、結局話し合いがつきませんでした。この場合、どのように対処したらよいでしょうか。

家主との交渉がまとまらない場合には、法務局へ家賃を供託します。

　本ケースの場合、法務局に家賃を供託する方法が考えられます。供託とは、家賃を支払うべき者が弁済の目的物（家賃）を債権者（家主）のために法務局に預けて債務（家賃の支払い）を免れることです。

　家賃の値上げをめぐる話し合いがまとまらない場合、家主のところに家賃を持参しても「値上げ前の家賃では足りない」と受け取ってもらえないかもしれません。しかし、そのまま家賃を払わないでいると、家主から家賃不払いを理由に契約を解除される恐れがあります。そこで、供託を行うことで、家賃を支払ったのと同じようにすることになります。

　供託する場合は、法務局で「供託書（地代・家賃弁済）」をもらい必要事項を記載します。供託する金額は、値上げ前の賃料（家賃）に、自分で適当だと思う金額を上乗せした金額です。そして、供託書と切手を貼付した家主宛の郵便封筒、供託する賃料を添えて法務局の窓口に提出します。その後、通知書が法務局から家主に郵送される、という流れになります。

　供託の手続きをとった場合、債権者（家主）は、家賃の一部として供託を認める（留保付還付）こともあります。最終的には調停・訴訟などで家賃額を決着させることになるでしょう。

家賃を1か月滞納したところ、不動産会社より「契約書通り、家賃に対する年利12％相当額の遅延損害金を払うように」と言われました。支払う必要はあるのでしょうか。

特約がない場合でも、年5％の遅延損害金を支払う必要があります。

　契約書に記載があれば、滞納時には遅延損害金を支払う必要があります。遅延損害金とは金銭の支払いが遅れたときに課せられるペナルティ料のことで、延滞金ともいいます。遅延損害金額は契約書に特約条項がなければ年5％の割合で計算されます。

　契約書に「家賃を滞納したときは、滞納した家賃の年○％相当額の遅延損害金を支払う義務を負う」という特約条項があれば、その特約に従うことになります。ただし、あまり高い率や金額の遅延損害金を定めた特約は無効になります。たとえば、年利14.6％を超える遅延損害金は消費者契約法上無効です。

　本ケースの場合、遅延損害金は家賃の年利12％相当額であり、消費者契約法上の年利14.6％以下に該当します。したがって契約書の特約は有効であり、不動産会社からの請求通りの金額の遅延損害金を支払う必要があります。

　部屋の賃貸は継続的な関係であるため、家主と借主との間には信頼関係が必要です。家賃を滞納することは重大な義務違反であり、家主との信頼関係を破壊することになります。やむを得ない事情で家賃を支払えないのであれば、その事情を家主にきちんと話しておくことが大切です。

 マンション運営を行う場合、賃貸後の家賃の値上げに苦労すると聞きました。値上げが可能なケースや適正家賃の基準、不動産価格への連動家賃の設定が可能か教えてください。

 家賃の値上げ請求が認められるのは一定のケースに限られます。

　家賃値上げの請求が認められるのは、①固定資産税や都市計画税などの税金の負担が増えたときや②土地建物の価格が高騰したとき、③家賃が近隣同種の建物の家賃と比較して不相当に低くなったときなどの場合で、かつ「契約書に家賃を増額しない」という旨の約定がないケースに限られます。

　通常は契約書に「家賃を増額しない」とまでは記載しないでしょうから、値上げ請求権自体がないというケースは少ないでしょう。適正な家賃の基準については、建物の構造や日当たりの程度、周辺地区の環境や利便性などを総合的に考慮した上で算定されます。

　適正な家賃を導く方法として不動産鑑定士に鑑定を依頼する方法があります。また、不動産業者のアドバイスを求め、家賃の予測を立てる方法なども考えられます。

　なお、不動産の価格に連動した家賃の設定については、借家人との合意があれば可能です。ただ、家賃のスライド制の場合は不動産価格の増減に比例して家賃が変動するため、土地の価格の変動幅が大きい場合にはかなりの増額となる可能性があります。

　このような場合には借家人が反発して値上げを拒否することがあるため、不動産価格に連動させて決定した家賃が適正かを十分に検討してから値上げをするべきでしょう。

数年前から知人に店舗を貸していますが、店舗経営が順調であるため、今度家賃を値上げしようと考えています。店舗関係の家賃の決め方や基準はあるのでしょうか。

家賃の値上げには税負担増、価格高騰、近隣家賃と比べ不相応などの要件があります。

　店舗関係の家賃については当事者間で話し合って決めるのがベストですが、その場合、様々な経済事情などを考慮する必要があります。店舗が繁盛しているという理由だけで家賃を値上げするのは妥当ではありません。

　繁盛しているのは借家人の経営努力の結果であり、売上が伸びていても利益がなく赤字である場合もあります。借家人との無用なトラブルを避けるためには、十分に検討することが必要です。

　家賃を値上げできるのは、①土地建物に対する税金負担の増加、②土地建物の価格の高騰、③近隣の建物の家賃と比べて不相当となった場合に限られます。本ケースの場合、契約締結から数年の経過に留まるため、現時点での値上げは妥当ではありません。

　値上げの可能な額については、判例によると「店舗の家賃を決めるのには、現在の消費者物価指数や土地建物の価格の変化、過去の賃貸借契約における家賃の値上げについての事例、各当事者の事情を考慮して適正な家賃を決めるのがよい」とされています。したがって、個別のケースによって値上げできる額を判断するしかありません。なお、店舗の賃貸借では一般的に保証金や権利金を高額に設定します。一方、住居用マンションと兼用であれば保証金や権利金を低額にして家賃を割高に設定します。

 私は転借人ですが、建物の所有者から賃料の請求を受けました。所有者に直接賃料を支払っても問題はないのでしょうか。

 まずは転貸人とオーナーとの関係を確認してみましょう。

　転貸とは、「また貸し」のことで賃借人が第三者にさらに部屋を賃貸することをいいます。転貸をするには、賃貸人（所有者）の承諾が必要とされています。
　賃貸人に無断で他人に転貸することを無断転貸といいます。賃借人が他人に無断転貸をした場合、多くの場合、賃貸人・賃借人間の信頼関係は破壊されることになるため、賃貸人は賃借人との賃貸借契約を解除することができます。
　賃貸人の承諾を得て適法に転貸がなされた場合、転借人（賃借人からまた貸しされた者）は、賃借人から部屋を借りていますから、基本的には賃借人に家賃を払うことになります。もっとも、賃貸人も直接、転借人に対して家賃を請求することができます。

●所有者から転借人への賃料支払請求
　転借人が、所有者から直接賃料の請求を受けた場合、大切なことは、落ち着いて事実関係を確認することです。
　たとえば、ビルのオーナーであるＢ（所有者）からＡ（賃借人・転貸人）がビル全体を賃借していて、ＡはＣ（転借人）にその１階部分を転貸していたというケースで考えてみましょう。ＢがＣに対して「Ａが家賃を滞納しているので、今後は私に直接支払いをしてほしい」と要求してきた場合、Ｃはどうすればよいで

しょうか。

　この場合、Ｃはまず、Ｂが本当にビルの所有者なのかを登記簿によって確認します。確認後にＡとＢの関係を調査します。調べることは、たとえば、ＡＢ間でビルに関する賃貸借契約が締結されていたのか、賃料はいくらだったのか、滞納があったのかなどです。Ａに問い合わせたり、Ｂに契約書を見せてもらうなどして確かめましょう。さらに、ＢがＡとの契約を解除している可能性が高いので、それも確認します。

　以上のことを確認後、今まで通りそこを賃借できる方法を考えます。Ｂが直接賃料を請求してきていることから、Ｂとしては、賃料収入さえあれば文句はないと考えることができます。

　そこで、Ｃは、Ａとの賃貸借契約を解約します。Ａが解約したくないというのであれば、ＡからＢに延滞賃料を支払ってもらい、Ｂとの関係を正常化してもらいます。解約する場合は、配達証明付き内容証明郵便を利用します。後は、ＣがＢと直接、ビルの１階を借りる賃貸借契約を結べばよいわけです。

■ 転貸借関係

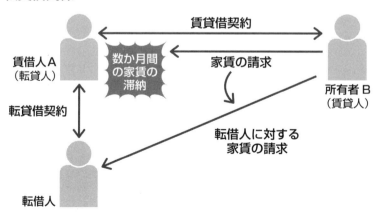

病気の親と賃貸マンションで同居しようとしたところ、家主より家賃の値上げを要求されました。家族との同居なのに応じなければならないのでしょうか。

値上げに応じる義務はありませんが、円満解決のために応じるのも一つの選択肢です。

　当初から入居していた者以外の者が家主の同意を得ないで貸家に入居することは、無断転貸などの契約違反にあたる場合があります。

　無断転貸が行われた場合、家主が借主との信頼関係が破壊されたと主張し、契約を解除する可能性もあります。

　当初から入居していた者以外の者が新たに居住者となるケースとしては、たとえば借主が結婚して配偶者が同居する、子どもが生まれる、親などを引き取る、親類の子どもを受験や通学のために居住させる場合などが考えられます。これらのケースでは、借主が家主との信頼関係を破壊したとは認められない場合が多いものです。

　本ケースの場合、病気の親を引き取るため、前述のケースに該当します。親を引き取ることは一般的に予想される行為であるため信頼関係を破壊したとはいえず、契約を解除されることはないでしょう。したがって、家主からの値上げ要求に応ずる義務も法律的にはありません。

　ただし、値上げ請求の額が納得のいく範囲内のものであれば、家主の要求を受け入れて家主との今後に向けた円満な関係を維持する方法をとることが有効だといえるでしょう。

 借主のために値上げをせずに建物を貸し続けていましたが、期間満了時の明渡しに応じず困っています。本当は請求したかった過去の家賃を増額請求するのは可能でしょうか。

 借地借家法により、過去の家賃をさかのぼって増額請求することはできません。

　家賃の変更については、借地借家法に「将来に向かって家賃の増減を請求することができる」という規定があります。したがって、過去に支払済みの家賃に対してさかのぼって増額を請求することはできません。賃貸借契約を交わす際に借主と決めた家賃の額が契約の内容であり、これは両者に対して拘束力があるためです。

　家賃の増額請求は、家主が借主に対して値上げを請求してはじめて増額され、将来に向かって効力を生じることになります。また、建物の明渡しについては、その建物を家主自ら使用する必要性が生じた場合などの正当な事由がなければ、賃貸借契約の終了期限がきても請求することができません。なお、明渡しを請求した場合には、借主から立退料を請求されることがありますので、注意が必要です。

　本ケースの場合、どんな事情で明渡しを求めたのかはわかりませんが、要求が認められるかは、正当事由の有無によって判断されるため、家賃を何年も値上げしなかったこととは全く関係がありません。法律的に建物明渡しの効力を持たせるためには、契約締結の際に契約期間満了時に明渡しをする定期借家契約を結んでおく必要があります。

家主より、管理費・共益費を合計で月2万円値上げする旨の通知が届きました。値上げ幅が大きすぎると思うのですが、値上げを拒否することはできますか。

まずは家主に管理費と共益費の内容を確認することが重要になります。

　本ケースの場合、値上げ自体を拒否することは難しいものの、交渉して値上げ幅を下げることは可能かもしれません。

　管理費や共益費は、居住者全体の利益のための費用です。たとえば敷地や建物の火災保険・住宅総合保険など各種保険の掛け金、破損したところの修繕費、廊下・エレベーターなどの共用部分の維持費や電気代などに管理費や共益費が使われます。

　また、建物全体の清掃や防犯のためにビルメンテナンス会社と契約している場合は、メンテナンス会社に支払う請負代金にあてられます。このように経費に使われているという性質上、借主は家主からの値上げ請求に応じる必要があります。

　ただ、管理費や共益費のうち大部分が家賃の一部に充当されているのが現実です。家賃を値上げする場合にいきなり大幅に増額すると、借主から拒否される恐れがあるため値上げ幅の一部が管理費に組み込まれているのです。この場合は、家賃と同様に正当事由のない値上げを拒否することができます。

　管理費や共益費に家賃が組み込まれていると思われる場合は、家主に管理費や共益費の使途明示を依頼し、それが純粋な管理費や共益費の額を超えている場合には、指摘した上で値上げ幅を押さえるように交渉するとよいでしょう。

家賃の減額請求をされたのですが、どうしたらよいのでしょうか。

話し合いがつかない場合には裁判で決めることになります。

　家賃の増減の請求権は、借地借家法32条に規定されており、その条件を満たしていれば家主からの値上げ要求はもちろん、借主からの値下げ要求も法的に正当な権利として行使することができます。家賃増減請求の具体的な条件としては、土地や建物に対する租税（固定資産税、都市計画税など）や管理費などの増減、土地や建物の評価額の増減、その他経済状況の変動、近隣の同程度の賃貸物件の家賃との比較などにより、現行の家賃が適正な価格でなくなったことが必要とされています。

　双方の話し合いで家賃の額に折り合いがつけばよいのですが、どうしても意見が合わない場合は調停などを経て、最終的には裁判で判決を受けることになります。

　裁判で家賃の額に決着がつくまでには、通常数か月の時間がかかります。この間、裁判が確定するまでは家賃の増減額の請求を受けた側が正当と思う家賃を暫定家賃として授受することになります。たとえば借主から減額請求を受けた場合、家主は自分が正当と思う家賃を請求し、借主は請求通りの額を支払わなければなりません。裁判が確定後、借主の払った家賃に払い過ぎがある場合は、家主は超過分に年1割の利息をつけて借主に返済します。

契約書に「2か月家賃を滞納した場合は理由を問わず解除できる」という特約があるのですが、特約どおり、立退きを要求してもよいのでしょうか。

「信頼関係の破壊」がなければ契約は解除できません。

　今の状態ですぐに特約を理由として契約解除をするのは難しいでしょう。住宅の賃貸借契約について特別の規定を定めている借地借家法には、契約更新や解約などについて借家人に不利な特約を設けても、その特約は無効であると規定されています（30条）。入居者（借家人）がこの規定に基づき、特約の無効を主張することもありますが、今回の特約がこの規定の対象となるかというと、そうではありません。裁判所の判例を見ると「特約自体は有効であるが、それだけを理由として契約解除することは認められない」とするのが一般的です。

　裁判所は、住宅の賃貸借契約の解除を認めるためには、当事者双方の信頼関係が修復不能なほど破壊されたかどうかを基準としています。特約の存在を納得して契約したにもかかわらず、契約内容を破ること自体は確かに信頼関係を損なう一つの要因ですが、たとえば病気や事故などやむを得ない事情で家賃を滞納しているのであれば、特約は借家人にとって不利に働く条項であり、信頼関係を完全に崩壊させるほど悪質な違反とはいえない、というわけです。契約解除を可能にするためには、特約違反に加え、督促（催促）をしたのに応じようとしなかった、など「信頼関係を損なう事実」を積み重ねることが必要です。

家賃の滞納に我慢の限界です。滞納した借主が悪いのですから、鍵を取り替えて追い出したいのですが、後で問題になるのでしょうか。

鍵の交換は許されない行為で、後に損害賠償責任が発生するおそれがあります。

　賃貸借契約において、借主は賃料の支払義務を負っています。しかも、賃料支払義務は借主としての基本的な義務といえますので、賃料の支払いを滞納している借主は、契約に対する重大な義務に違反しています。しかし、わが国では自力救済が禁止されており、法律の手続きを経なければ、正当な権利を持っている人であっても、強制的に自分の権利を行使することは許されません。

　借主が家賃を滞納しており、滞納が半年以上などの長期間に渡っているのであれば、一般に信頼関係が破壊されていると判断されますので、契約の解除が認められます。そして、建物明渡しの訴訟を提起した上で勝訴判決を得て、建物明渡しの強制執行の申立てを行い、執行官の立会いの下で建物の明渡しを実行するという手続きが用意されています。したがって、家賃を滞納しているからといって、鍵を取り替えて、物理的に借主を追い出すようなことは、自力救済にあたりますので、許されません。

　むしろ、仮に貸主が自力救済におよび、鍵を取り替えることは、不法行為に該当します（民法709条）。そのため、たとえば、鍵の交換によって、借主の荷物等に損害が発生した場合や、借主の仮の住居費用などについて、損害賠償責任を負う可能性があります。

貸しているアパートの住人の一人がたびたび家賃を滞納します。以前なら翌月にまとめて支払われていましたが、滞納家賃が3か月分となりました。契約解除はできますか。

滞納が3か月分以上であれば催促をせずにいきなり契約解除することが可能です。

　借主には、月々の家賃を期限までに家主に支払う義務があります。家賃を期限までに支払えなかった場合は、借主の契約違反となります。この場合、家主は、借主の契約違反を理由に契約を解除することができます。

　もっとも、家賃滞納が発生したら即時に契約を解除できるということはありません。やむを得ない事情があった場合などにたまたま1か月分の家賃を滞納してしまった場合、すぐに契約を解除されて退去を求められるとすれば、これは借主にとってあまりにも酷な仕打ちだといえます。まずは、借主に対して「○月○日までに滞納分を支払うように」と催促する方法をとります。そして、その期限までに支払いがなかった場合に、初めて契約を解除することになります。

　しかし、3か月分以上の家賃滞納があるような場合には、もはや家主と借主との間の信頼関係は保たれていないという状態であることが多いでしょう。この場合、家主は改めて家賃の催促をする必要はなく、いきなり契約を解除することが可能です。

　賃貸借は、家主と借主の信頼関係に基づいた契約です。その信頼関係が壊れてしまっている場合には、すぐにでも契約関係を解消するのが望ましいことから、解除が許されています。

第4章

借家契約の更新・解約・変更をめぐるトラブル

あと1年弱で当初の契約期間が満了するのですが、貸主から何も言われないときは、退去しなければならないのでしょうか。

期間満了の1年前から6か月前に通知を受けなければ同一の条件で契約を更新したものとみなされます。

契約解除と解約は契約期間中のことですが、契約期間が終了した後に契約を維持するのか終了するのかを決めるのが契約更新の問題です。

契約の更新とは、期間の定めのある契約（契約書に「契約期間は○年間とする」という条項があるもの）において、期間満了をもって契約が終了した後に、契約を継続させることをいいます。

契約の更新には、合意更新と法定更新の2種類があります。

① **合意更新**

当事者双方が話し合い、納得した上で契約を更新することを合意更新といいます。このとき、契約内容をそのまま維持するか、条件のいくつかを変更するかといった点についても話し合います。

② **法定更新**

通常、期間の定めのある契約を締結した場合、契約期間が満了すれば契約の効力は失われます。しかし、賃貸借契約については、借地借家法によって特別な規定が置かれています。一方が契約更新を拒否したり、更新を前提に話し合っていても条件が折り合わないまま期間満了を迎えてしまうということもあります。ただ、そのまま契約終了という形になってしまうと、当事者の一方が大

きな不利益を被ることがあるため、法律が「自動的に契約を更新した」とみなすことがあります。これを法定更新と呼んでいます。この法定更新は、賃借人を保護するために定められている規定です。賃借人は、賃貸人よりも立場が弱く、生活の基盤となる家を失ってしまうことで賃借人が受ける影響は大きいので、借地借家法により法定更新の規定が置かれています。定期建物賃貸借の場合は別ですが、建物が居住用でも事業用でも法定更新の規定は適用されます。

具体的には、借家の場合、期間満了の1年前から6か月前に貸主が更新しない旨を通知すれば更新を拒絶（正当事由が必要）できますが、更新しない旨の通知をしなかったときは従前の契約と同一の条件で契約を更新したものとみなされます。

さらに、この通知をしたとしても、期間満了後、建物の賃借人が依然として使用を継続する場合に、建物の賃貸人が遅滞なく（不当に遅れることがなく）異議を述べなかった場合には、従前の契約と同一の条件で契約を更新したものとみなされます。

つまり、当事者間で契約更新に関する合意がなかったとしても、賃借人がそこに居住を続け、賃貸人が異議を述べなかった以上、契約は自動的に更新されることになるのです。

■ 借家契約の法定更新

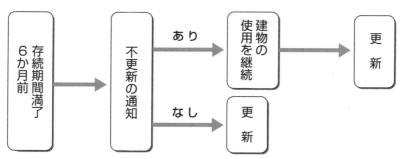

賃貸マンションに住んでいます。わが家と同じ間取りに住む入居者の家賃が2万円安いことを知りました。契約更新の際に隣と同じ家賃にしてもらいたいのですが可能ですか。

原則は入居当時の家賃ですが、差額の幅や交渉しだいで認められる場合があります。

　本ケースの場合、まずは家主に事情を話し、交渉してみましょう。賃貸借契約は、家主と借主との間で一定の賃料で合意した上で成立します。ただ、昨今の経済情勢や不動産価格の下落などの影響で、昔から入居している人の家賃に比べ、新たな入居者の家賃が安くなる場合があります。

　しかし、家主が聞き入れてくれるかどうかは別で、拒否される場合があります。これは、昔からの入居者は入居当時の家賃で合意しているとされ、原則として、入居当時の契約に拘束されるためです。

　ただ、隣家の家賃が2万円安いということは家賃相場が下がっているといえるため、更新後の家賃を減額してもらえるよう家主に頼む方法は有効でしょう。

　借地借家法によれば、家賃の減額が認められるのは、土地・建物に対する税金の増減や不動産価格の変動など、経済事情の変化により近隣の同じタイプの建物の家賃に比べて不相当になった場合とされています。本ケースの場合、隣との家賃の差額が2万円あり、近隣の同じタイプの建物の家賃に比べて「不相応」なものといえるため、話し合いによって減額請求が認められる可能性は十分にあります。

 賃貸借契約更新時に、家賃の値上げとそれに伴う敷金追加分を請求されました。特に敷金は契約時に家賃の2か月分を差し入れているため拒否したいのですが可能ですか。

 契約書に敷金増額特約がなくても、家主との関係維持のため払う方法があります。

　本ケースでは、賃貸借契約書内に敷金の増額についての特約がある際には敷金の追加分を差し入れることになります。特約の内容は、具体的には「敷金は更新時の新家賃の2か月分とする」または「敷金は更新時に増額する」などの条項のことです。このような条項が入っていれば、家主の請求に従うことになります。

　一方、契約書に敷金増額の特約がないのであれば敷金不足分の請求には正当な理由がなく、法律上は応じる義務がありません。借地借家法には家賃の増額請求については規定があるものの、敷金の増額請求についての規定はないためです。

　ただし、家賃の増額は、経済事情や近隣の家賃の相場などを考慮するため、家賃を値上げしたものの敷金が据え置きとなると家賃の未払いが発生した際に担保が不足し、敷金を入れてもらった意味が失われてしまいます。家主にとっては敷金が更新時の家賃に連動する方が安心であるため、今回の追加請求を行ったのでしょう。したがって、家主との関係を良好に保ちたいのであれば、特約がなくても敷金の追加差入れに応じた方がよいといえます。

　なお、更新時には家賃の半月～2か月分程度の更新料の支払いを家主から求められることがあります。

アパートの契約期間が満了したので更新をせずに荷物をまとめ引き払ったところ、正式な明渡しが済んでいないとされ家賃を請求されました。支払う必要はあるのでしょうか。

賃貸借契約書で更新しない場合の明渡し方法を確認する必要があります。

　まずは、賃貸借契約書内で、契約期間満了時に契約を更新しない場合の明渡し方法を確認します。たとえば、「借主は部屋を原状に復した上、家主立会いの下、部屋の明渡し及び鍵の返却を行うものとする」などの条項があり、条項に従った明渡しを行っていないのであれば、「正式な明渡し」をするまでの家賃を家主から請求されても仕方ありません。

　一方、部屋の明渡し方法についての具体的指定がなく、「借家人は○か月前までに家主にその旨を伝え、部屋を原状に復した上、退去するものとする」などの記載であれば、契約を更新しない旨を家主に伝えた時点で契約の満了日が確定するため、原則として満了日後の家賃は発生しません。

　ただ、借主が部屋を原状に復し、それを家主に確認してもらった上で鍵を家主に返却した時点で契約が終了すると考えるのが一般的でしょう。

　本ケースの場合、契約を満了するにあたり、①部屋の原状回復をしたか、②家主の確認（立会い）を受けたか、③部屋の鍵を家主に返したか、をチェックする必要があります。契約期間が満了した場合でも、家主の協力なしに借主が一方的に部屋の明渡しをすることはできません。

契約期間なしの一戸建借家に住んでいますが、家主より契約解除を請求され、家賃支払も拒否されました。その後供託した家賃が受理された場合は解約申入れ撤回となりますか。

家主が供託金を受け取ったとしても常に解約申入れ撤回となるわけではありません。

　家主の供託金の受取り行為が解約申込みの撤回と判断される場合も確かにありますが、本ケースの場合、その行為だけでは家主が解約申込みを撤回したと判断されるわけではありません。

　契約期間の定めのない賃貸借契約では、家主が解約申入れをしてから6か月経つと契約が終了します（借地借家法27条）。家主から解約の申入れがあったとしても、その後6か月間は、借家人には家賃を支払う義務があります。したがって、家主が6か月以内の供託金を受け取っていた場合、それは契約期間内の家賃の受取りとなるため、その事実だけで解約申入れが撤回されたとはいえません。

　しかし、だからといって家主の解約申入れが正当なものとして認められるかは判断できません。借家契約の解約申入れが認められるためには、正当事由が必要です。この正当事由の有無は家主が建物を必要とする事情や建物の利用状況、立退料などを総合的に考慮して判断されます。

　したがって、たとえ家主が供託金を受け取っていたとしても、それだけで解約申入れが撤回されたと判断することはできませんが、家主側の正当事由が認められない場合であれば、適法な解約申入れとはいえないため退去しなくてよいということになります。

更新時に賃料2か月分の更新料の支払いを請求したところ、「不当な請求」と言われ支払いを拒否されました。妥当な金額だと思うのですが。

賃料の2か月分程度であれば、不当に高額とは扱われません。

　住居の賃貸借契約書をよく見てみると、多くの場合「契約期間は2年間とする」といった条項が記載されています。このような契約条項のある賃貸住宅に長期間入居しようと思うと、2年ごとに契約更新をする必要があります。契約更新に必要な事務手続きに関しては、契約書の内容を一部書き換えたり、当事者双方の署名・押印等が必要です。この書類作成などの事務費用を更新事務手数料といい、本来は賃貸人が不動産管理業者に支払う費用ですが、通常、その費用を契約で賃借人が負担します。契約書で合意していれば、更新事務手数料を請求すること自体は問題がありませんが、契約時に更新事務手数料を請求する趣旨を借主に説明しておく必要があります。

　なお、更新事務手数料とは別で、手続をする際に更新料という名目の費用を請求されることがあります。更新料に関することを規定した法律は特になく、どのような目的で支払われるかということは明確になっていませんが、地方によっては慣習化されているものです。

　そのため、更新時には「更新料を請求できるのが当然」と考えている賃貸人も多いでしょう。しかし、契約更新に必要な事務手続きといえば、契約書の内容を一部書き換えたり、当事者双方の

署名押印をする程度ですから、多額の経費がかかるわけではありません。また、更新料にも相場というものがあります。極端にいえば更新料の授受がない地方もあるくらいです。

したがって、賃貸経営する地域が、更新料の支払いが慣習的に行われている地域なのか、居住用の更新料の相場はどの程度かなどを月額賃料との関係で検討する必要があります。また、契約締結とその契約が継続されてきた経緯といった個別的な事情も大きく作用します。東京における居住目的の賃貸住宅の場合の、相場の賃料を前提とする更新料は賃料の１か月～２か月分が多いようです。極端に違和感のある更新料が設定されている場合は、無効の主張や減額の交渉を求められる可能性があります。

なお、特約が単に更新料の支払いを求めるものではなく、「更新料を支払わない場合は契約の更新をしない」場合のように更新そのものを拒否するような内容であった場合は、賃借人に著しく不利益を与える内容として無効とされる可能性が高くなります。

●更新料をめぐる裁判所の判断

更新料特約の効力については、賃料の補充や前払い、契約を継続するための対価など複合的な性質があり、その支払いに合理性がないとはいえないことを理由として、賃料や契約更新期間に照らして高額すぎるなど特段の事情がない限り、更新料は無効とはならないという最高裁判所の判断がなされています。訴訟では、１年ごとに２か月分の更新料をとる契約条項が不当に高額ではないかが問題とされていたのですが、この契約条項も有効と判断されています。

この判例を基準に考えれば、賃料の２か月分程度であれば、不当に高額ではないので、更新料の請求が認められることになります。ただ、「高額すぎる」更新料は無効と判断されることになるので、要求する更新料の金額には注意しなければならないでしょう。

法定更新になると更新料を請求できないのでしょうか。

扱いは明確ではないため、あらかじめ条項で規定しておくことが大切です。

　更新料を支払う合意があれば、合意更新の場合は原則として更新料を請求できます。ただし、法定更新の場合についての更新料請求の可否については、裁判所の見解は分かれており、更新料を支払う旨の合意は合意更新の場合の約定であり、法定更新の場合には更新料は請求できないという判例もあります。

　また、合意による更新ができずに法定更新になった場合について、契約書に「法定更新の場合にも更新料を支払う」と書いてあれば、更新料を受け取ることはできます。ただし、それ以降は法定更新により期間の定めのない契約になるため、更新料の請求はできません。

　「法定更新だから更新料の支払は必要ない」という主張を防ぎたい場合、たとえば、「貸主と借主の双方から申し出がなかった場合には、本賃貸借契約は自動的に更新されたものとみなす」という条項を契約書の中に入れておきます。このように、契約期間の満了後に自動的に賃貸借契約が更新されるという内容の条項を契約書に盛り込んでおくことで、法定更新により更新料が請求できなくなるという事態を避けることができます。

　ただし、契約内容の見直しを一切認めないような条項は無効と判断される可能性があるため気をつけなければなりません。

更新日の直前に退室の申入れをした場合、更新料を支払わなければならないのでしょうか。

特約がある場合、契約が自動更新され、更新料をとられることがあります。

　更新日の前に退室の申入れを行ったとしても、退室するアパートの賃貸借契約書に自動更新の特約があれば、更新料を支払わなければならない場合があります。

　まず、賃貸借契約に自動更新の特約が入っているかを確認してみましょう。自動更新とは、契約期間が満了したときに当事者の一方から更新しない旨の申入れをしないと、契約が同条件で更新されるというものです。

　契約書に自動更新の特約が定めてあると、貸主は部屋が空く時期をあらかじめ予測できるようになるため、次の入居者の募集にすぐに取りかかることができるというメリットがあります。

　契約の条項に自動更新の特約が定められている場合、借主は貸主に対して、更新日から一定期間以上前の日までに、更新しない旨を申し入れなければなりません。この一定期間は、個々の契約によって具体的に定められるものですので、契約によってその期間が異なります。ただし、一般的には、期間満了日の1〜3か月前までと定められていることが多くなっています。

　したがって、契約書に更新料の条項と自動更新の特約が入っている場合に、更新日直前に退室連絡をしたのであれば、借主には更新料を支払う義務が生じます。

駐車場つきのマンションを借りたところ、引越し後に使えないことが判明した場合や、更新する際に駐車場契約だけ更新を拒否された場合はどうしたらよいのでしょうか。

相当な期間内に適当な駐車場が確保されない場合は契約を解除できます。

　駐車場つきのマンション賃貸借契約を交わしたにもかかわらず駐車場を使えない場合は、賃貸借契約の解除事由になります。

　東京や大阪などの都市部の住宅事情を考慮すると、マンションと駐車場を別々に確保するのは困難ですし、マンション以外の場所に駐車場を確保すると別途料金が必要になります。したがって、契約と異なり駐車場が使えないケースは契約に重要な誤りがあることになります。

　契約が解除できる場合でも、マンションへの引越しが済んでいる以上、費用と手間を考慮すると即時に契約を解除するのは得策ではありません。結局、不動産会社に対して相当な期間内に代替駐車場を確保するよう催促することが合理的です。その後、代替駐車場を確保するまでの駐車費用や家賃の減額を不動産会社に請求する方法をとります。それでも不動産会社が駐車場を用意できなかった場合は、契約解除もやむを得ません。

　また、駐車場契約のみ更新を拒否された場合は、マンションと駐車場を一体で借りる契約かどうかが重要です。一体の場合であれば更新の拒否はできないため、契約は続行され、駐車場をそのまま賃借できます。一体ではない場合には借地借家法は適用されず、更新を拒否された場合は契約が打ち切られます。

サブリース契約の更新拒絶をしたいのですが、どのような場合にできるのでしょうか。

賃貸人が建物一棟を利用する必要性がある等、正当事由があることが必要です。

　テレビのＣＭなどで「30年一括で借り上げる」などの謳い文句を見かけたことはないでしょうか。
　これはサブリースと呼ばれているもので、不動産管理業者が賃貸物件を長期間一括で借り上げし、転貸することです。一括で借り入れてもらえるので、入居者募集や管理の手間が省けますし、万が一空室が出てしまってもサブリース料（不動産管理会社から賃貸人に支払われる金銭）を受け取ることができます。
　ただ、サブリースにもデメリットがあります。たとえば、サブリースの契約を締結してから数か月間は、賃貸人にサブリース料が支払われないという免除期間が設定されていることがあります。また、契約更新時には賃貸状況にあわせてサブリース料を改定する業者もあるため、減額改定されると、賃貸人の収入が減少することになります。さらに、サブリース契約の契約内容によっては、「リフォーム費用は賃貸人が負担しなければならない」「月額家賃の10％程度を管理報酬として不動産管理業者に支払わなければならない」など、賃貸人の金銭的な出費が増えることもあります。
　サブリースについては、将来的に当初見込んだ通りのサブリース料が得られるとは限らないことをふまえて、活用を検討するのがよいでしょう。

第4章 ● 借家契約の更新・解約・変更をめぐるトラブル

●サブリース契約の更新拒絶について

　サブリース契約も、賃貸人と不動産管理業者との間で、賃貸借契約を結んでいるため、一般に借地借家法の適用があることは訴訟等において裁判所も認めています。

　たとえば、不動産管理業者が高額な転貸料を取得して、不当な利益を得ているために、賃貸人が契約の更新を拒絶したいと考えたとしましょう。この場合、サブリース契約を期間満了に基づき終了させる場合には、借地借家法28条が適用されますので、更新拒絶通知が必要になる他、正当事由が必要です。

　正当事由は、賃貸人がその建物を利用する必要性が、不動産業者がその建物を利用する必要性を明らかに上回るような場合、または、立退料の支払いの申し出があるなどの事情を総合的に考慮して判断されますが、一般的に一括的に借り上げが行われているサブリース契約では、一棟の建物全体を、賃貸人が利用する必要性が高いと認められる場合は少ないといえ、正当事由があると認められるケースは多くはないと考えられます。

■ サブリースのしくみ

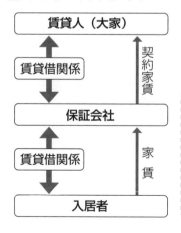

・保証会社は、建物全体を一括して賃貸人から借り、入居者に転貸（又貸し）する
・入居者から家賃を得ながら、賃貸人に契約で定められた「契約家賃」を支払う
・空室や家賃滞納があっても、賃貸人には「契約家賃」が確実に入る

貸主が立退料を支払うことになるのはどんな場合でしょうか。

貸主の都合で退去してもらうケースでは支払うことが多いようです。

　立退料とは、貸主の都合で借主に立退きを請求しなければならないような場合に貸主から借主に支払われる金銭のことで、具体的には移転実費、開発利益の配分額、慰謝料、営業補償、借家権の価格がこれに該当します。

　借主に出て行ってもらうのに常に立退料が必要というわけではありません。借主の契約違反や債務不履行などがあって立退きを求めるケースや、そもそも一時利用の賃貸借の場合には、立退料は発生しないとするのが一般的です。また、どうしても自己使用しなければならなくなった貸主側の正当な事由があれば、立退料を支払わなくてもよいケースもあります。

　もっとも、正当事由は、貸主が他に住む場所がなく、貸している建物のみが唯一の拠り所である場合や、貸している建物が老朽化等の原因で、差し迫った危険があり、建て替えの必要がある場合など、極めて限定的なケース以外では、なかなか認められません。

　ただ、立退料の支払いは住居立退きに際してのトラブルを解決する有効な手段として一般的に利用されています。

　特に、借家契約の契約期間が満了した場合に貸主が更新拒絶をする際には正当事由が必要ですが、立退料の金額はこの正当事由の不足分を補う要素として考慮されます。つまり、貸主側に更新

を拒絶したい何らかの事情があるが、それだけでは正当事由があるかどうか微妙な場合には、立退料の額を上乗せすることで正当事由を補強することができるのです。

そのため、貸主が立退きを早く解決したい場合には、立退料の支払いをそれほど必要としない正当事由が備わっている場合でも借主に高額の立退料の支払いを提示することがあります。ただ、立退料の額が高額であればそれだけで正当事由が認められるということにはならないので注意しましょう。

なお、区画整理や、道路建設、空港建設など、公共事業による立退きの場合には、立退料が支払われるのが一般的です。

● 立退料の算定方法

立退料はそもそも法律上の概念ではないこともあり、具体的な金額についても一定の基準を設けて算定をすることは困難だといえます。判例でも、立退料の額の算定は賃貸借契約成立の時期および内容、その後における建物利用関係、解約申入れ時当時における双方の事情を総合的に比較考量して、裁判所の裁量によって「自由に決定し得る」ものとされています。貸主・借主双方の年齢・経歴・職業、資産、経済的な状態、立退料の提示・移転先あっせん・交渉態度などを考慮して個別具体的に決められることになります。

■ 立退料を求めるための要件

立退きの際に考慮される「正当事由」とはどんな事情のことをいうのでしょうか。

貸主の事情や借主の事情、当初の契約で定めた事由を総合して判断します。

　貸主は自由に更新を拒絶できるのではなく、更新を拒絶しても妥当といえるほどの正当な事由（正当事由）がない限りは更新を拒絶することはできません。正当事由の内容として、具体的には、①貸主の事情（現在の住居の状態や家族数、職業、経済状態など貸している建物が必要な理由）、②借主の事情（職業、家族数、経済状態、転居が可能かどうかといった事情）、③借家契約で定めた事情が挙げられます。

　立退きを申し出なければならない貸主側の事情としては、①貸主自身または貸主の家族や近親者が賃貸家屋を住居として使用する必要がある場合、②貸主自身またはその家族・近親者が賃貸家屋を営業の目的で使用する必要がある場合、③賃貸家屋の劣化や老朽化のために大幅な修築あるいは新築が必要な場合、④相続で貸主が代わり、土地を売却する必要がある場合、などが考えられます。

　①の例としては、貸主またはその家族が住居として使用していた家屋が消失した場合、地震や台風といった災害で崩壊した場合、貸主の住んでいる建物の老朽化がひどく居住し続けることが不可能になった場合が挙げられます。②は正当事由の観点から見ると①よりも説得力に欠けるといえます。貸主が現在貸している賃貸

家屋をどうしても店舗として使用しなければ生活を維持していけないことが正当に証明されれば正当事由は認められるかもしれません。③のケースもよく見受けられますが、家屋が老朽化しているといってもそれが崩壊寸前なのか、修理を行えばまだ居住可能なのかによって正当事由としての重みが違ってきます。④のように相続の問題で立退きが発生してくることもよくあります。相続した家屋を売却しなければ相続税を払えないなど、経済状態が非常に逼迫した状態であることを貸主が証明できればこれが正当事由と認められることもあります。

●借主側の具体的な事情

借主側の事情としては、①借主がその賃貸家屋を住居として使用しなければならない理由のある場合、②借主が賃貸家屋を営業の目的で使用しなければならない理由のある場合、③借主が賃貸家屋を長い期間に渡って使用してきている場合、が主に考えられます。

借主の事情を考慮する際には、借主が他の賃貸家屋に転居できる、または他の家屋を購入する経済力があるかどうかが1つの重要なポイントになります。また、借主の家族構成やその賃貸家屋に居住している（あるいはそこで営業している）年数が重要視されます。また、立退きによって経済的な損失をそれほど被らなくても借主が賃貸家屋を長年に渡って使用してきたような場合には借主の立場はかなり有利になります。居住地域で長年築いてきた人間関係、商売を営んできた場合には顧客との間で作り上げた信頼関係は一種の財産であり、賃貸家屋が借主の生活の本拠地として確立してしまっているからです。

このように、立退料の算出にあたっては長年住んできた地域を去ることから発生する損失というものが十分に考慮されます。

アパートの立退きを求められましたが、立退料が引越し費用と敷金の全額返還だけのため納得がいきません。これは、立退料として十分な金額なのでしょうか。

立退料の基準はあるものの、実際の金額はあくまでも話し合いで決定されます。

　借主が家主の方の都合で部屋を立ち退く場合、通常は立退料をもらう権利があります。借主は、家主の一方的な都合で部屋を出ていくことになるため、当然ながら出ていくための費用や損害賠償をもらう権利があります。立退料は、家主の借主に対するお詫び料だと考えても差し支えありません。

　立退料の相場は、経済情勢や景気の影響を受けるといわれますが、通常の基準としては、立退きがなければ必要がなかった引越し費用、新しい物件の費用（敷金や礼金、前家賃など、家賃の4～6か月分前後）、場所を移ることについての慰謝料（双方の話し合いにより決定する）の合計額程度が相応だと考えられています。

　ただし、個人的な事情も立退料に影響することがあるため一般的な相場から判断するのは難しく、当事者同士の話し合いによって決めることになります。

　本ケースでは、家主からの立退料として、敷金全額の返還と引越し費用に加え、次のアパートを借りるのに必要な費用と転居に対する慰謝料についても請求することができます。なるべくトラブルにならないよう、納得がいくまで話し合いをすることをお勧めします。

海外赴任中の3年間だけ自宅を貸し出したいと考えています。こうした一時的な賃貸借契約でも、借主に立退料を払う必要があるのでしょうか。

一時使用の賃貸借の場合、立退料を払う必要はありません。

　立退料とは、家主が借主に立退きを求める際に借主の移転による不利益に対して、補償の目的で支払われる金銭のことをいいます。

　借家契約の期間満了の際に、家主が契約更新の拒絶（期間の定めのない契約の場合には、解約の申入れ）をして、借主に立退きを求めるためには、借家を自ら使用する必要がある場合やその他正当の事由がなければなりません。こうした正当事由がある場合には、立退料を支払わないで借主に立退きを求めることができますが、正当事由がない場合には、立退きを求めることはできないことになります。また、正当事由が不十分な場合に、それを補うために立退料が支払われることもあります。この場合、立退料の金額は他の事情との相関関係で決まります。

　たとえば、家主が海外赴任から戻るまでの期間、自宅を一時的に貸すという場合は、典型的な一時使用のための借家契約にあたります。つまり、借地借家法40条で定められている一時使用目的の建物の賃貸借が適用されることになります。したがって、「賃貸人の不在期間の建物賃貸借」であることが契約書上明らかである場合には、一時使用の賃貸借と認められ、立退料の支払いをしないで立退きを求めることができます。

 老朽化した一戸建借家に住んでいますが家主より建物修繕のための明渡しの申入れがありました。明け渡した場合、修繕後に再び貸してもらえるのでしょうか。

 正当事由にあたりませんが、一時的に明け渡すことになります。

　本ケースの場合、修繕の規模にもよりますが、建物が老朽化していることから大がかりな修繕工事が必要だと予想されます。したがって、家主の明渡し請求を拒否することはできず、家を明け渡すことになります。

　必要に応じて家屋を修繕するのは家主の義務であるため、修繕の工事をするために借主の立退きが必要な場合は、一時的に立退きを請求することができます。ただし、あくまでも一時的なものであり、修繕の完了後は、家主は借主に再び建物を貸さなければなりません。修繕後に貸してもらえるか心配な場合は、家主に「修繕が完了したら今まで通り賃貸する」という内容の文書を書いてもらうとよいでしょう。

　ただ、建物の老朽化が激しく今にも倒壊の危険があるような建物の場合、修繕では足らず建物を建て替えなければならないケースがあります。このような場合、家主が契約を解除し、借主に建物の明渡しを請求することができる「正当な事由」があるものとみなされます。本ケースの建物が、建て替えなければ使用もままならない状況であれば契約を解除される可能性があり、解除されれば再び建て替え後の建物に入居することは原則としてできません。ただ、立退料の交渉をする余地はあります。

借主の造作買取請求権とはどのような権利なのでしょうか。

借主が、家主が承諾して取り付けた物の買取りを契約終了後に請求できます。

　借主が家主の承諾を得て借家に取り付けた物は、契約終了後、家主に買い取ってもらうことができます。これを借主の造作買取請求権といいます。つまり、借主が家主（賃貸人）の承諾を得た上で、建物に付加し、または家主から買い受けた造作については、借家契約終了時に時価で家主に買い取ってもらうことができるのです。この場合の造作とは、建物に取り付けられたもので、建物をより使いやすくするものをいいます。取り付けられたものが造作ですから、家具や柱時計などのように、単に建物内に置いてあるにすぎないものは、造作ではありません。

　造作と似ているものに、有益費といえる改良があります。造作はエアコンなどのように後から付加させたものです。これに対して改良とは、文字通りその物（不動産）を改良することで、後から取り付けるというよりは、建物それ自体に費用が投じられることを意味します。

　なお、借主が造作買取請求権を行使するためには、造作の取り付けについて、事前に家主の同意を得ていることが必要です。仮に同意していなくても、家主の判断で自主的に買い取ることはできますが、家主の同意を得ずにクーラーなどの造作を設置している場合、借主の買取請求を拒否することができます。

Question 17

店舗用ビルの借主が半年分の家賃を滞納したため契約を解除したところ内装工事費を払えと言われました。契約書に有益費償還請求放棄の特約があるので応じたくないのですが。

有益費の償還請求放棄の特約が有効となるため、工事費用を払う必要はありません。

本ケースにおける有益費償還請求放棄の特約とは、契約終了時に、借主は店舗の内装費用の請求は行わない旨を定めた特約のことです。

賃貸借契約書に有益費の償還請求放棄の特約を定めているのであれば、この特約は有効となるため、本ケースでは、借主に対して内装の工事費用を支払う必要はありません。

建物の賃貸借では、最初は全く何もない状態で貸していた部屋に、借主が物を取り付けるなどの方法で賃借物件の価値を高めた場合、借主は契約終了時にその費用（有益費）を貸主に請求することが可能です。また、借主が費用をかけて造作を取り付けた場合、明渡し時にその造作を買い取ってもらうように貸主に請求できます（造作買取請求権）。

しかし、有益費償還や造作買取の請求は、特約であらかじめ放棄することができます。本ケースでは、借主が家賃を滞納したことを理由として契約を解除したことになるため、契約解除に正当事由があり、店舗の明渡し請求が認められます。貸主からの解約請求の原因は借主にあるため、費用請求を放棄するという特約には効力が生じます。結論としては、有益費を借主に返還する必要は全くないといえます。

Question 18
退去の立会に借主が現れず残置物がでたような場合に、後始末はどうすればよいのでしょうか。死亡や行方不明の場合はどうすればよいのでしょうか。

借主の合意が得られない場合には、必要に応じて訴訟により撤去を行います。

借主が退去した後に、片付けないで残置物を遺して退去してしまう借主がいます。しかしそのような場合であっても、まず、認識しておかなければならないことは、貸主が勝手に処分することはできないということです。不用品に見えたとしても、あくまでも部屋にある残置物の所有者は退去した借主であり、これを勝手に処分すると、所有権の侵害に基づく損害賠償責任を負わなければならないおそれがあります。

残置物の処理には、①借主の合意を得た上で処分する、②訴訟を起こし強制執行により処分するという方法をとる必要があります。まずは借主の合意を得て処分する方法は、特別な法的な手続きは不要です。しかし、合意の書面を取り交わすとともに費用負担について取り決めておかないと、思わぬトラブルにつながる恐れがあります。

次に、訴訟を起こして強制執行する処分については、残置物がある状態は、契約が終了したのに部屋の明渡しが終わっていない状態といえるため、まず建物の明渡しを求める訴訟を提起します。

この訴訟で勝訴した後に、撤去した残置物は一応競売にかけられますが、多くの場合は貸主が落札後、処分・廃棄という流れをたどります。

● **借主が行方不明な場合**

　借主が音信不通で行方がわからなくなった場合、貸主としては部屋を片付けたいところですが、不用意に部屋の残置物を撤去してはいけません。入居者が戻ってきた場合、違法な自力救済として損害賠償請求をされるおそれがあるからです。行方不明の入居者が出た場合に迅速かつ適切に対応できるように契約書を工夫しましょう。具体的には、行方不明の場合に契約を解除できる旨の条項を入れ、併せて解除通知の送付先を規定しておきます。実務上は、「入居者が無断で1か月不在にした場合」に契約を解除できるとしているものが多いようです。契約を解除した後は、行方不明の入居者が残していった残置物の処分をどうするかが問題になります。残置物については入居者に所有権があります。したがって、残置物を勝手に処分すると他人の財産を勝手に処分したことになり、貸主としての責任を問われる可能性があります。

　契約の解除後に行方不明の入居者が見つかったのであれば、本人に部屋の荷物を引き取るように求めましょう。求めに応じない場合は、代わりに部屋の中の動産、造作についての所有権を放棄するという確認書を書いてもらうようにしましょう。この確認書があれば、貸主は残置物を自由に撤去・処分できます。

　なお、残置物の処分費用は、原状回復費用に含まれるので敷金から差し引くなどの方法で入居者に負担させます。一方、契約解除後も入居者が見つからない場合は借主が意図的に残置物を遺して退去した場合と同様で、訴訟を提起して、明渡しを命じる判決を得て強制執行を実施し、執行官に撤去してもらいましょう。

　なお、滞納している賃料があれば、裁判の際にその支払いを命じる判決も取得しておくとよいでしょう。そして、明渡執行の申立てと同時に動産執行の申立てを行い、動産（家財道具）の競売代金から滞納分の賃料を回収します。

Q19 賃貸借契約を更新し、期間が残っている状態で、家主よりアパートを取り壊すため立退きの申し出がありました。引越しのメドもつかないのですが立ち退く必要はありますか。

Answer 家主に正当事由がなければ拒否が可能で、立ち退く場合にかかる費用請求もできます。

賃貸借契約期間の途中に家主の一方的な都合で部屋を出ていく必要はありません。アパートやマンションなどの賃貸借には借地借家法が適用され、借主には借家権が認められています。借家権は家主に対して主張することができる権利であるため、契約途中に建物を取り壊すことは認められません。

借家権によって借主は強く保護されているため、家主が契約の更新を拒絶するには「正当の事由」が必要で、契約期間中の解約はできません。家主であっても借家権を一方的に奪うことはできないため、借家権を主張して請求を拒絶することができます。借主が立退きを拒否すれば、原則として契約期間中はアパートに住むことができます。

仮に立退きに応じる場合でも、家主と交渉して、次のアパートが見つかるまで立退きを待ってもらう方法や、引越し費用の実費や新たに負担する敷金を立退料として支払いを求める方法をとることができます。

したがって、本ケースの場合、契約期間が残っている状態で家主からの立退きの請求に応じる必要はありません。また、立退きを受け入れる場合には、家主と交渉して立退料などを支払ってもらいましょう。

賃貸住宅に住んでいます。姪が近隣の大学へ進学したため同居を検討していますがまた貸しとならないか心配です。家主に無断での譲渡・転貸は、契約解除になるのでしょうか。

すべての無断譲渡・転貸が解除理由となるとは限らず、信頼関係の具合によります。

　原則としては、家主と借主が賃貸借契約を交わした場合、その賃借物となる建物を無断で譲渡・転貸することはできません。また、民法でも、無断譲渡や転貸時には、家主はその賃貸借契約の解除をすることが可能だという定めがあります。

　ただし、すべての無断譲渡・転貸が解除理由になるとは限りません。人間的な信頼関係を基礎とする賃貸借契約では、家主と借主との間の信頼関係が破壊されない限りは、家主は契約を解除することができません。信頼関係が破壊されない場合とは、たとえば、自身の配偶者や子ども、孫と同居をする場合や、親族の面倒を見るために一時的に借家に同居させた場合などが挙げられます。これらのケースは、借主（賃借人）が関わらない状態で第三者が建物を利用する「転貸」に該当しているとはいえない状態であるため、契約解除の理由にはあたらないでしょう。

　このように、無断での譲渡・転貸かの判断は、信頼関係の有無が重要なポイントとなります。建物を常識的な範囲で利用するならば、信頼関係が破壊しているとはいえません。実際の裁判では、信頼関係が破壊されたかを判断する際には、譲り受けた人の経済的事情、譲り渡した人との関係、人柄などを総合して判断することになります。

部屋を貸した者が無断転貸をしており貸した者とは別人が居住していました。現在の居住者は自分が部屋を貸した者から借りたと主張しています。契約の解除は可能でしょうか。

家主は契約を解除した上で部屋の明渡しを請求することができます。

　本ケースの場合、部屋の明渡しを請求することができます。借主は、家主の承諾がなければ他人に部屋を転貸することができず、借主が家主の承諾なく他人に転貸した場合、家主は賃貸借契約を解除することができます。

　借主（転貸人）の無断転貸を理由に家主（所有者）が賃貸借契約を解除するためには、転借人が独立して使用収益している状態であることが必要です。本ケースの場合、貸した者が別人に転貸する際に、家主の承諾を得ていません。したがって、無断転貸を理由に契約を解除することが可能になり、建物の明渡しを請求することができます。

　現在の居住者は、家主とは別人から部屋を借りることができたと思っていても、その人にはその部屋を他人に貸す権利がそもそもないため、賃貸借契約には正当な権利が発生しません。このため、家主からの明渡し請求を受けた場合、現在の居住者は部屋を明け渡さなければなりません。

　なお、家主と部屋を貸した者との賃貸借契約が定期借家契約である場合も考えられますが、たとえ定期借家契約の場合であっても、現在の居住者が親族であるなどの特別な事情がない限り、無断転貸については契約を解除することができます。

姉が居住しているアパートに、家主に黙ってそのまま妹が住むというような、肉親間でのアパートの無断転貸は認められるのでしょうか。

アパートを引き継いで使用するには、事前に家主の承諾を得る必要があります。

　部屋の賃借権を譲渡する場合は必ず事前に家主の承諾を得るべきであり、たとえ肉親間であっても無断でアパートを引き継ぐことはできません。なぜなら、無断譲渡があった場合、家主にとっては一番の関心事である家賃が確実に支払われるのかという点が不明確になるためです。

　借主が第三者にアパートの部屋の賃借権を譲る場合は、原則として、事前に家主の承諾を受ける必要があります。その承諾を得ずに賃借権の無断譲渡をした場合、賃貸借契約を解除されることもあります。

　ただし、賃貸借契約のような継続契約は、売買とは異なり両当事者の人間的な信頼関係が前提となります。そのため、賃借権の無断譲渡があった場合でも、信頼関係が破壊されなければ解除はできません。信頼関係が破壊されたかどうかは、譲受者の経済的事情、譲渡者との関係、人柄などで総合判断されます。

　本ケースの場合、肉親である姉から譲り受けるため、家主との信頼関係を破壊しない可能性は高いといえます。ただ、契約書の書替えなどが必要な場合もあるため、事前に家主の承諾を得る必要があります。

第4章 ● 借家契約の更新・解約・変更をめぐるトラブル

弟と同居する予定で借りたマンションに友人と居住することになったのですが、家主に知られてまた貸しを理由に退去通告されました。この場合退去する必要はありますか。

家族以外の人から家賃をとって同居すればまた貸しになります。

　「また貸し」とは転貸のことで、家主に無断で行うと賃貸借契約を解除されるのが原則です。したがって、友人への転貸が認められる場合は、家主の要求通り退室しなければなりません。
　つまり、本ケースでは、転貸にあたるかどうかが重要になります。転貸の典型的な例としては、当初自分が住んでいた部屋を別人に貸して自分は退去する場合があります。本ケースでは友人と同居して住むため、転貸にはあたらないという考えもありますが、実は友人と同居すること自体が転貸にあたるとも考えられます。
　転貸を判断する場合、次の２つの要素が決め手となります。まず、同居人が家族や使用人であるか、という点です。同居人が親族であれば問題が生じるおそれは小さいですが、友人の場合は転貸と判断されることがあります。
　次に、同居人から費用を出してもらっているか、という点です。友人から家賃をとる場合、転貸とみなされる場合があります。本ケースでは、友人とすでに同居し、家賃の一部を出してもらっていることから、やはり転貸にあたり、家主（所有者）には契約を解除が許されます。友人には部屋から退去してもらい、家主に契約解除の撤回を申し出る方法が最も有効です。

友人が1年間の転勤になり、その間私が友人のマンションに住むことになりました。これはまた貸しになるのでしょうか。また、家主に許可をとる必要はありますか。

居住理由が留守番なのか転貸に該当するかで、家主への許可の要否が変わります。

　本ケースでは、代わりに住む人が単なる留守番なのか、それともマンションのまた貸し、つまり転貸にあたるのかが問題となります。

　転貸にあたる場合、無断で行うと家主（所有者）が友人との賃貸借契約を解約する可能性があります。契約が解約されると、そもそもマンションに居られる理由がなくなり、退去せざるを得なくなります。そのため、転貸にあたる場合は、必ず事前に家主の承諾を得る必要があります。

　一方、単なる留守番の場合は解約の問題は生じないため、家主の承諾は不要です。留守番か転貸かは、あなたが住むことを目的としない純粋な留守番なのかどうかを客観的に考えて判断されます。たとえば、表札の名前を変更したり、友人に対して家賃を支払う場合は、単なる留守番とはいえずまた貸しとなるため、家主の許可をとる必要があります。

　留守番として転勤する友人から報酬を受け取っている場合は、承諾は不要です。ただ、その場合でも、誤解を避けるため、一応、留守番であることを家主に断っておく方法が無難でしょう。

賃貸マンションで同居していた内縁の夫が死亡し、家主より賃貸借契約の名義人死亡を理由に退去通告されました。この場合、退去しなければなりませんか。

婚姻関係のない内縁の妻の場合でも、家主に居住の権利を主張することができます。

　賃貸マンションの借主（借家人）が死亡した場合、借家権を同居人が承継できるかについては、法律上の夫婦の場合は問題ありません。たとえば、法律上婚姻関係にある夫婦の場合、夫が死亡した場合は当然に妻へ借家権が引き継がれます。そのため、妻は退去する必要がありません。また、法律上の親子の場合でも同様となります。

　ただし、内縁関係の場合は事情が異なります。たとえば、死亡した内縁者と前妻との間に子どもがいた場合、形式的には子どもが相続人となるため、借家権もその子どもが相続します。したがって、内縁の妻は借家権を相続できず、居住権がないため退去しなければなりません。

　ただし、これでは内縁の妻にとってあまりにも酷な事態となるため、同居する内縁の妻は家主に対して引き続きその建物に居住する権利を主張することができます。相続人である子どもに、どうしても相続の必要があるような特別な事情がない限り、内縁関係の者でもその建物に住み続けることができます。

　また、死亡した借主（借家人）にそもそも相続人がいない場合は、何も問題はありません。同居していた内縁の妻がそのまま借家権を承継することができます（借地借家法36条）。

家主に無断で転貸をしていますが、注意や警告がない場合、家主は転貸を承諾したことになりますか。家主が無断転貸を知らず、今後見つかった場合はどうでしょうか。

家主の注意がないからといって転貸を認めたことにはならないため確認が必要です。

　家主から何の注意もないからといって転貸を黙認していると考えるのは安易です。まずは、家主が転貸を知っているのかどうか、または知っていて承諾（黙認）しているのかどうかを確認すべきでしょう。

　原則として、借主が借家を転貸する場合は、必ず家主の承諾が必要です。ただし、家主が、入居者が代わったことに気づいているにもかかわらず、何の注意もしてこないという事実が判明すれば、家主が借主の転貸を承諾したものとみなすことが可能です。

　一方、家主が単に転貸に気づいておらず、後に知られてしまった場合は別です。家主に契約の解除を通告された際には、転借人は出て行かなければなりません。無断転貸が行われると、家主（所有者）と借主（転貸人）との信頼関係が壊れ、その後の契約関係を維持するのが難しくなるため、家主からの解除権が認められているのです。

　したがって、転貸する場合は、必ず事前に家主の承諾を得ておくべきでしょう。家主が何も言ってこないことを、「無断転貸を黙示で承諾した」などというように勝手に判断しないことが重要です。

 賃貸マンションで個人事業を行っていますが、株式会社へ変更しようとしたら家主より未承諾の転貸になるため契約解除されました。個人名義を会社名義にしたら転貸なのでしょうか。

 引き続き借主自らが使用し、使用形態に変動がなければ転貸にはなりません。

　家主が無断転貸を理由に契約を解除することはできません。原則では承諾のない転貸借は賃貸借の解除の理由になるものの、本ケースの場合のように会社名義に変更した場合も無断転貸にあたるのかどうかはまた別問題です。

　会社への組織変更などの場合に無断転貸に該当するかは、実質的に部屋の使用形態に変動が生じているかを基準にして判断します。たとえば、従来部屋を使用していた者以外の人間を新しく役員にしたため人の出入りが著しく増えた場合や、株主総会や社員総会の実施、または従業員の増加による設備増などの事情がない限り、部屋の使用形態に変動が生じているとはいえません。変動の事実が認められない場合は、会社への組織変更があったとしても無断転貸にはあたらず、家主に契約を解除する権利はありません。

　本ケースの場合、会社形態でも同じ使用目的での使用を続け、個人事業の場合と同じ業務を変わらず続けているのであれば無断転貸にはなりません。したがって、家主は契約を解除することはできないといえます。それでもなお、家主が契約を解除しようとする行為は、権利の濫用として許されないことになります。

アパートの賃貸借契約を結び敷金や家賃を支払った状態で入居後すぐに解約を申し出た所、敷金や家賃は返せないと言われました。全額返却を希望していますが難しいですか。

賃貸借契約書の中に解約条項がある場合には、一定額が戻ってきます。

　支払った敷金や家賃の一部は戻ってくる可能性がありますが、全額は難しいでしょう。いったん賃貸借契約を結ぶと、原則としてすぐに解約できないということをまず認識する必要があります。

　契約を解約するのであれば、契約書の条項の中に「解約の申入れ」や「期間内解約」などについての取り決めがあるかを確認します。「借家人は1か月の予告期間を置いて契約を解約できる。なお、予告期間が1か月に満たないときは、借家人は1か月に不足する日数に相当する賃料を貸主に支払うことにより本契約を終了させることができる」などの条項があれば、予告期間に不足する分だけの賃料を支払えば、契約期間内であっても自由に解約をすることはできます。

　したがって、敷金の全額（敷金から何か差し引く契約であればその差引残額）と前家賃分から予告期間に不足する分の家賃を差し引いた分が戻ってきます。

　しかし、前述のような条項がない場合は、借家人の都合で勝手に解約することはできません。部屋を借りるときは納得のいく部屋を慎重に探すようにしましょう。軽い気持ちで契約をするとトラブルの原因になるため、注意が必要です。

家主から通告された督促期限より3日後に滞納していた3か月分の家賃を支払ったところ退室を求められました。たった3日の遅れですが退去しなければならないのでしょうか。

相当な猶予期間内であれば退去の必要はありません。

　借家人には、原則として毎月家賃を支払う義務があるため、家賃の滞納は重大な義務違反です。したがって、滞納が長く続くと、家主の請求により契約解除になる場合があります。
　家主にとって、家賃は建物の維持費や自分の生活費として不可欠です。家賃が滞ることは重大な問題であり、家賃不払が長引くようであれば、借家人との契約を解除したいと考えるのも当然のことだといえるでしょう。
　しかし、多くの場合は家賃の不払いに対する「相当な猶予期間」が設けられています。そして、相当な猶予期間をおいて催促したにもかかわらず、なお支払われなかった場合に限り、家主から契約を解除することが認められています。今回のケースの場合、家賃の支払日は「督促期限より3日後」です。一般的に相当な猶予期間は3日から1週間程度とされており、3日後に支払ったのであれば退去の必要はないものといえます。
　なお、賃貸借の契約時に「借家人が家賃を1回でも滞納したときは、家主は何らの催促を要せず、直ちに賃貸借契約を解除することができる」という特約がある場合でも、判例によれば無催告解除することに合理性がない場合には、特約の効力が認められないことがあります。

先日、家主の変更と新しい支払先の通知がありました。こちらに一言もないまま家主が変更になることは許されるのですか。また、借主の譲渡時には承諾が要るのですか。

家主の変更に借主の承諾は要りませんが借主の変更には家主の承諾が必要です。

　本ケースのように、家主の死亡や建物の譲渡などによって家主そのものが代わった場合であっても、借主の保持する権利には特別の影響はありません。
　建物を使用させることは、家主としての責務を果たしているのであればどのような人であっても可能であり、借主にしても、借家をこれまで通りに使用することができれば何の問題もないといえます。したがって、家主を変更することについて、借主の承諾を得る必要はありません。
　一方、借主が賃借権を第三者に譲渡する場合は、原則として家主の承諾を得る必要があります。新たな借主の家賃をきちんと支払うだけの経済力を保持しているか、または家を乱暴に扱わないか、などの心配事は、すべて借主の人柄しだいといえるためです。
　なお、契約の際に連帯保証人を立てさせることがありますが、これは借主が家賃を支払わないなど、契約の内容を守らなかった場合に備えるためです。
　このように、家主と借主は信頼関係によって結びついていますから、借主が家主の承諾を得ずに無断で賃借権を譲渡することや、転貸することはできません。

居住するマンションの所有者が変更になり、不動産会社を通じて新所有者より賃貸借契約の再締結依頼がありました。所有者の変更による新しい契約は必要でしょうか。

部屋の引渡しが済んでいる状態であれば、契約を結び直す必要はありません。

マンションの所有者が代わった場合に、そのまま従来の契約内容が継続されるかは、賃借人が部屋の「引渡し」を受けているかどうかによって判断されます。たとえば、前所有者から部屋の鍵を受け取っている場合や、すでに家財道具を部屋に搬入した場合は、引渡しを受けたものとみなされます。この場合、賃借人は新たな所有者に対しても、自分の住んでいるマンションの部屋について賃借人としての権利を主張することができます。そして、従来の契約がそのまま新しい所有者に引き継がれます。このため、新たな所有者との間に再び契約を結び直す必要はありませんし、新たな賃貸人から再契約のための手数料を要求されても応じる必要はありません。

本ケースの場合も、部屋の引渡しが済んでいれば新たに契約を結び直す必要はありません。一方、契約を結んだだけで引渡しを受けていない場合は、新しい所有者との間で再び契約を結ぶ必要があります。

ただし、再締結の理由が単に契約書の賃貸人の欄の記載を書き替えておきたいという場合であれば、内容を確認した上で書替えに応じても問題はありません。新しい所有者に、どのような理由で契約を結び直すのかを確認してみるとよいでしょう。

借りている建物の家主が変更になったようです。新しい家主の連絡先もわからず、2か月前より家賃の支払ができていません。このような場合の対処法を教えてください。

新家主を調べて家賃を支払う方法や、旧家主に家賃を持参する方法があります。

　本来であれば、新しい家主は借主に対し「次の家主は私です」と通知しなければなりませんが、家主が通知していない以上、まずは新しい家主が誰なのかを調べる必要があります。そして、新しい家主が判明したら、事情を説明して家賃を支払うという方法をとります。家主が代わった場合でも、借主の権利が失われることはまずありません。今まで通り借主としての権利を新しい家主に対して主張することができます。

　しかし、本ケースの場合、2か月程前から家賃の送金ができていないため、債務不履行で契約を解除される恐れがあることも事実です。このような事態を防ぐため、まずは今までの家主の所へ家賃を持参する方法が有効です。家主が消息不明の場合は、法務局で建物の現在の所有者を確認します。建物の所有者が代わっていれば、新所有者（新家主）に連絡をとって、家賃を受け取ってもらうようにします。

　新家主に家賃を受け取ってもらえない場合や、建物の所有者名義が代わっていない場合は、家賃を供託（221ページ）する必要があります。供託をすれば事実上家賃を払ったことになるため、借主が債務不履行の責任を問われることはありません。

第4章 ● 借家契約の更新・解約・変更をめぐるトラブル

契約の途中で定期借家権に切り替えることはできるのでしょうか。

借主の合意を得た上で、定期借家権に切り替えることができる場合があります。

　定期借家契約とは、契約で定めた期間が満了すると、更新することなく契約が終了する借家契約をいいます。定期借家契約は、たとえば単身赴任などで、限定した期間の借家を求める借主等にとって、比較的契約の縛りが緩やかな定期借家契約は利便性が高く、定期借家契約が用いられています。定期借家契約の契約期間が満了すると、原則として借主は居室を退去しなければなりません。定期借家契約では期間満了後に原則として契約は終了するので、更新の拒絶に、貸主の正当事由が必要ありません。

　それでは、既存の普通借家契約を定期借家契約に切り替えることはできるのでしょうか。定期借家制度は平成12年3月に創設された制度ですので、それ以前に締結した借家契約については、正当事由がない限り原則として終了しないという期待の下で、契約を結んでいると考えられるため、定期借家契約に切り替えることはできません。

　したがって、平成12年3月以降に契約をした居住用建物の賃貸借契約については、当事者がこれまでの普通借家契約を合意解約し、新たに定期借家契約を締結することで切り替えることが可能です。しかし、貸主が定期借家契約の締結を強制することはできず、借主の合意を得た上で切り替えを行う必要があります。

第5章

敷金をめぐるトラブル

 今月家賃支払いが厳しいのですが、「敷金から差し引いてください」と頼んでもよいのでしょうか。

 頼んでもかまいませんが、敷金を家賃の補てんとするかどうかは貸主が決めることです。

　敷金は、借主が入居する際に、先払いで貸主に預けておく金銭です。敷金を貸主に預けるのは、支払いの滞っている家賃や建物に関する損害賠償債務の担保が必要だからです。また、担保されるのは、賃貸借契約終了時点までの債務に限らず、明渡完了までの債務も含まれます。したがって、滞納や室内の損傷がない場合は、原則として敷金は建物明渡時に全額を返還する必要がありますが、滞納などがあればそれを控除した残金を返還すればよいということになります。

●敷金はどんな性格のお金なのか

　敷金は、借主が家賃の支払いを怠ったり、家賃を支払わずにいなくなってしまった場合、未納となった家賃を補うための費用として利用されます。また、部屋の傷や汚れを修理するための費用として利用されることもあります。つまり、敷金は貸主の立場からすると、一種の保険や担保のようなものとして捉えることができます。

　逆に、借主にとって敷金は、契約終了後に返還されるはずの金銭になります。このような特徴から、敷金は財産のひとつとみなされており、借主が破産（債務者が経済的に破たんして債務を弁済することができない場合に申し立てることができる手続きのこ

と）寸前にある場合には、敷金返還請求権が借主の債権者によって差し押さえられることもあります。

　敷金は滞納した家賃、その他、あらゆる借主の賃貸借契約上の債務の補てんに利用されますが、敷金を家賃の補てんとするかどうかは貸主が決めることであり、借主が決められることではありません。そのため借主は、経済状況が苦しい場合でも、一方的に敷金を家賃に充ててもらうように要求することはできません。

● **敷金の返還時期について**

　判例によると、敷金の返還請求権は、賃貸借契約終了時ではなく、借りていた物件の明渡しが完了した時点で発生すると判断されています。そのため、貸主の立場からすると、敷金はあくまで借主によって物件の明渡しが完了した時点で返還することになります。

　ただ、敷金の返還をめぐるトラブルを事前に防ぐためには、契約書に契約内容を明確に記載しておくことが肝心です。「敷金の返還は、賃貸借契約の終了時」と大まかに記すのではなく、「物件の明渡しが完了した後、〇日以内に敷金の返還を行う」と明記しておきましょう。

■ **敷金のしくみ**

➡ 判例は、「借主は、賃貸借契約終了時ではなく、明渡しの完了時に敷金の返還を請求することができる」という立場を採っている

権利金・礼金・敷金とは、それぞれどのような違いがあるのでしょうか。

返還されるかどうか、高額であるかどうか、という点が大きな違いです。

　家屋や店舗、土地を対象とした賃貸借契約を交わす際によく聞かれるのが権利金という言葉です。一般の場合、居住目的の賃貸借では権利金が要求されることはほとんどなく、主に営業目的の賃貸借、あるいは土地を賃貸する場合に権利金が授受されることが多いようです。また農村部ではほとんど見られず、主に都市部で広く見られる社会的慣行ということができます。

　賃貸借契約を行う際には賃貸料の他にも権利金、保証金、敷金、礼金、建設協力金といった名目での金銭が支払われるケースが多く見かけられます。このうち契約が終わった時点で返還されるものとしては敷金や保証金があり、返還されないものとしては礼金があります。しかし、権利金の場合には返還される場合とされない場合とがあるため、契約を行う際には注意が必要です。権利金の額を算出する基準はあまり明確ではなく、貸主と借主の話し合いで決定されることが多いようです。

●権利金・礼金・敷金はどう違う

　礼金はアパートを賃貸する際に授受されることが多い金銭です。礼金の大きな特徴は、借主の退去時に返還しないということです。礼金という名称が示す通り、賃貸したことのお礼として借主が貸主に払うものです。また、敷金とは、未払い賃金や部屋の修繕費

にあてるために、借主が貸主に預けておく金銭のことです。必要な費用を差し引いて残った額は退去時に返還してもらえます。

権利金は、礼金や敷金に比べ、高額な金銭が設定されることが一般的です。営業権の価値の見返りといった性格があり、賃貸される物件で高収入を得る可能性が大きいほど、権利金の割合も上がってきます。その他にも、賃料の前払いとして納められる場合もあれば、「場所的な利益の対価」として支払われることもあります。賃貸期間に応じて返還されることもあります。

権利金の定義は、今ひとつあいまいなため、時には返還をめぐって訴訟に発展することもあります。特に「契約金」などと銘打って大金を貸主に支払った場合、これを礼金とみなすか権利金とみなすかが返還の有無に大きく左右してきます。

●権利金条項を契約書に盛り込む

権利金と一口に言っても様々な種類があるので、賃貸借の契約を行うときには、権利金がどのような種類のものであるのか、返還するのかしないのか、返還する場合には、具体的にはどの程度の金額をいつ返済するのかといった事項を明確に書面にしておくことが大切です。

■ 契約の際に提供される様々な名目の金銭

名 目	内 容
敷 金	通常、借家契約の際に借主が、家主に対して預けるお金のこと。家賃の滞納や故意による損壊があると、差し引かれる。
権利金	借地権を設定するための対価または借家契約の対価として支払われる金銭。
保証金	契約を守ることを担保するために支払うお金。敷金とほぼ同じ意味で使われることもあるが、貸付金として後で返還されるものもある。
礼 金	借家契約の際に家主に支払う金銭の一種。敷金や保証金と異なり、契約期間が終了しても返還されない。

保証金とはどのようなお金なのでしょうか。

敷金の性質を有した預かり金のことをいいます。

　貸主が借主から受け取った金銭の性格は、契約の当事者がどのような意思を持っていたかによって決まります。通常、「保証金」と呼ばれるものは敷金としての性質を有し、「権利金」と呼ばれるものは礼金としての性質を有します。敷金としての性質をもつならば、建物の明渡し時に貸主の損失を差し引いて借主に返す必要がありますし、礼金としての性質をもつのであれば、借主に返す必要はありません。

　保証金一般に共通していえることは「借主が貸主に迷惑をかけないことを保証するためのお金」が保証金だということです。この場合、保証金は預かり金（借主が、賃料を支払わない場合、賃貸物件を破損した場合、に備えて支払うもの）としての性格を強く持っています。

● 保証金の性格

　預かり金としての保証金の場合、万が一借主が賃料を支払わなかったり賃貸物件を破損した際に保証金から損害分を差し引くことができます。

　この保証金で問題になるのは返済期限と返済金額ですが、たいていは7年～10年が期限として設定されるようです。返済の方法としては長期分割払い方式が採用されることが多くなっています。

いずれにせよ、保証金の性質、返還の必要性、返還金額と返還期間、無利息か否かは、すべて契約内容によって決まりますので、契約書には、建設協力金（ビルを建設する際に、貸主が、入居予定の借主から建設費用として受け取るもの）か単なる保証金なのか、保証金差入れの趣旨、保証金を全額償却してよいのか、全部あるいは一部を返還するのか、返還するとすれば長期の分割か一括か、金利の有無などを具体的にかつ明確に記載する必要があります。

●返還は明渡しと同時とは限らない

賃貸借契約を交わす際にしっかりと確認しておきたいのが保証金の返還についてです。保証金を貸付金として納めている場合には、一定期限を定めて物件の貸主が借主に対してお金を返還しなければなりません。保証金は権利金と違い、基本的には借主に返還することになっています。

ただ、保証金は敷金と違い、必ずしも明渡しと同時に返還が行われるわけではありません。賃貸借がたとえ３年で終わってしまっても、保証金の返還が契約後７年と定められている場合にはそれより前に保証金を返還する義務はありません。さらに契約時に明記しておけば、保証金は一括返還せずに分割して返還することも可能です。

■ 保証金の償却などについての規定例

（規定例その１）
第○条（保証金の償却）
　保証金については、年に５分の割合で償却する。契約更新時には、借主は償却された保証金に相当する金額を、新たに保証金として貸主に支払う。

（規定例その２）
第○条（保証金の償却）
　保証金については、解約時に１か月分の賃料に相当する金額を償却する。

※規定例その１では、契約更新の際に借主は新たに保証金を支払う必要がある。
　規定例その２では契約更新時に新たに保証金を提供する必要はなく、賃貸借契約の解約時にのみ保証金が償却される。

第５章 ● 敷金をめぐるトラブル　155

今月は給料額に対して自動車税の支払など出費が多く、とても家賃を支払う余裕がありません。敷金を今月分の家賃にあててもらいたいのですが、可能でしょうか。

借主側から、敷金を家賃にあてるように請求することはできません。

　本ケースのように、敷金を家賃にあててもらうことはできません。敷金は、借主に賃料不払いなどの債務不履行がある場合に家主が敷金と相殺するものであるため、借主の方から相殺してもらうように求めることはできません。

　敷金は、家主にとって、借主に家賃未払いや部屋の破損など、何らかの事故があった場合の担保としての役割を果たします。家主にとって担保である敷金から借主の求めで滞納した家賃分を差し引くことが可能になれば、次に滞納した場合の担保がなくなってしまいます。また、部屋の破損を敷金から弁償してもらうこともできません。

　したがって、家主から敷金との相殺を申し出ることはできる一方、借主から敷金との相殺を求めることはできないことになります。また、家賃の滞納は、借主にとって重大な義務違反であるため、家賃を滞納することは許されません。

　本ケースの場合、家主に事情を話した上で、次の入金時にまとめて2か月分の家賃を支払うことにするなどの方法をとることが考えられます。ただし、その場合は1か月遅れの支払いになりますから、遅延損害金を要求される可能性があることを念頭に置く必要があるでしょう。

先日、郵送で家主が変わった事による家賃支払先変更の通知を受けました。この場合、前の家主に預けている敷金はどうなるのでしょうか。

家主が変わった場合、差し入れていた敷金は次の家主に引き継がれます。

　敷金は次の新しい家主に引き継がれるため、再び敷金を支払う必要はありません。賃貸借契約期間中に家主が代わることはよくあることです。たとえば、賃貸マンションの所有者が、別の者にマンションを売り渡す場合などがあります。

　本ケースの場合、マンションの所有者が変更になったため、賃貸借契約はそのまま新たな所有者へ引き継がれることになります。つまり、新たな所有者が新しい家主になるということです。

　したがって、前の家主に預けている敷金も、すべて新たな家主が引き継ぐことになります。今後、賃貸借契約を解除する場合の契約解除の申し出は、前の家主ではなく新たな家主に対して行います。当然、敷金の返却元も新たな所有者です。

　賃貸借契約期間中に所有者が代わった場合、通常は途中で契約の変更はせず、新しい家主から家主変更の旨と契約内容についての通知をします。

　なお、所有者が代わる場合、家賃の値上げに対する心配が考えられますが、所有者が代わってすぐに値上げされるケースはあまりありません。ただし、その後契約を更新する際に、家賃などの契約内容を改めて見直す場合があります。

以前、ビルの一室を借りる際に保証金1000万円を差し入れましたが、ビルの所有者が変わりました。退去する場合の保証金の返還請求は誰にすればよいのでしょうか。

保証金の性質により返還債務の承継有無が決まるため、まずは性質確認が必要です。

保証金は、その性質によって返還請求できるかどうかが異なります。したがって、契約書の内容をもう一度確認する必要があります。

賃貸借契約を結ぶ際には、家主から必ず敷金や保証金の差入れを請求されます。敷金も保証金も、通常では契約期間中は家主が預かります。契約期間中に建物の所有権が移転した場合、原則として、家主の賃貸人の地位はそのまま新所有者に承継されます。そのうち敷金は所有権の移転に伴い新所有者に承継されますが、保証金は性質に応じて異なるため一律には判断できません。

保証金には、増築・改築などのための建設協力金や建設資金としての性質のもの、敷金と同じ性質のものなどがあり、それぞれ返還されるかが異なります。保証金が建設資金としての性質を有するのであれば建物の所有権が移転しても返還債務は承継されません。一方、保証金が敷金としての性質を有するものであれば、所有権移転に伴って返還債務が新所有者に承継されます。

したがって、本ケースの場合は具体的な保証金の性質を確認する必要があります。それによって返還してもらえるかが判断されます。また、契約書に保証金についての条項があれば、返還請求の相手はその条項の内容によって決定されます。

来月、居住地のアパートから引っ越すことになりました。契約時に家賃2か月分の敷金10万円を家主に差し入れてありますが、引越し後に全額戻ってくるのでしょうか。

家賃の滞納や備品の破損がない限り、敷金は退去後に全額返還されます。

　家賃の滞納や備品の破損がない限りは全額返還されることになります。

　敷金は、本来、家賃の滞納や部屋の破損などがなければ退室後に全額返還されます。「敷金があるから家賃を滞納してもよいのでは」と考える人がいますが、家賃滞納は、借主として重大な義務違反であるため、敷金をあてにした家賃滞納は許されません。なお、柱などにクギを打っただけでも破損とみなされ、敷金から修理分を差し引かれることがあるため、注意が必要です。また、畳替えや損耗した壁紙の張り替え費用について退室時に敷金から差し引かれるかはかなり微妙な問題です。畳や壁紙の減価分はもともと家賃に含まれているため、借主が故意に畳や壁紙を破損した場合は差し引かれますが、普通に生活していて損耗したものについては差し引かれません。

　一方、フローリング上に置いたベッドの下にカビが生えた場合などは、ベッドの底が風通しの悪いものであればカビの発生が予想できると判断され、借主の不注意となり、修繕費用が敷金から差し引かれることになります。

　部屋の破損については退室時の破損状況によって判断されるため、家主と状況を確認した方がよいでしょう。

 **借主は自分が入居する前と全く同じ状態にまできれいにしてから部屋を返還しなければならないのでしょうか。**

 入居前と完全に同じ状態にすることまでは求められていません。

　原状回復とは、借主が賃借物を原状に回復し、附属させた物を取り去ることをいいます（民法616・598条）。建物の使用は賃借人の権利ですが、借主は、賃借物をその性質によって定まった用法に従って使用しなければなりませんし、契約終了後は、元の状態に戻して返還しなければなりません。つまり、原状回復は賃借人の義務ということになります（民法400・616・594条1項）。

●どこまでが原状回復義務に含まれるのか

　厳密な意味での原状回復義務とは、「借主は、退居する際に家具などの荷物やエアコンを取り除き、次の借主が入居できるようにしておかなければならない」というものです。

　注意したいのは、何も借主は建物を自分が入居する前と全く同じ状態にまで戻して出て行く必要がある、と決められているわけではないということです。借主に対して「あなたが住む前と同じ状態に戻さなければならないから、敷金は返すことができない」というような過度な原状回復を要求すると、トラブルになりかねません。

　ただ、「家具などの荷物やエアコンを取り除くだけ」というのは、あくまで法的に規定されている狭い意味での原状回復義務です。借主には、借りた部屋を丁寧に使用しなければならず、常識

の範囲内で建物の利用については注意を払う義務（善管注意義務）がありますが、一般的に貸主が想定している原状回復義務は、このような善管注意義務の意味合いも含めているといってよいでしょう。つまり、借主が通常気をつけるべき注意を怠って部屋を破損・汚損した場合には、それを復旧させることも原状回復義務に含まれるということです。実際には、借主の退去後に貸主が復旧させることになりますから、復旧にかかった費用を敷金から差し引くことになります。

ただ、借主はそこまで想定しておらず、借主と貸主の間で、原状回復義務とされる範囲について認識にズレが起こることがあります。原状回復については、契約時にどこまでが借主の負担となるのかについて貸主と話し合い、書面にしておくことが大切です。

● **契約時に原状回復条件を定めておく**

退去時の原状回復による費用負担のトラブルを防ぐためには入居時の賃貸借契約締結の段階で、原状回復の費用負担を詳細に定め、原状回復工事にかかる費用についても、貸主・借主間で合意しておくのがよいでしょう。

原状回復工事にかかる費用の目安については、後で大きく変わるとトラブルになるので、あくまでも目安であることを伝え、わかる範囲で記載します。特約については、民法や消費者契約法の規定に反しないようにします。契約時に原状回復費用についての明確なルールを定めておくことで、退去時の原状回復および敷金からの差引額をめぐるトラブルの予防につながります。

また、借主の退去時には、契約時に合意した原状回復の条件に沿って、精算時の明細書を作成して借主に交付すれば、多くの原状回復をめぐるトラブルを回避することができます。

退去にあたり家主から「壁紙の取替費用を敷金から差し引く」と伝えられました。それほど汚れていないと思うのですが。

通常損耗・経年変化といえる程度の汚れかどうかが判断のポイントになります。

　建物の原状回復費用を誰がどのように負担するかという問題は、借主から預かった敷金からそれを差し引こうとするときに顕著に現れるといえます。敷金は契約終了から明渡しまでに生じた賃料相当額その他借主が負う一切の債務を担保するという判例が確立しています。ですから、原状回復費用も差し引くことは可能です。原状回復特約に基づいて金額を差し引いてもかまいません。
　しかし、差し引かれる金額をめぐりしばしばトラブルが生じます。契約の定めがはっきりしていれば、問題は少ないのですが、定めがあいまいな場合もよくあるからです。
　家主は、借主の負担として、原状回復費用を敷金から充当しようとしますし、借主は、借家の傷や汚れは自分のせいではない、あるいは、家主の負担すべきものであると主張します。この問題については、国土交通省が定めたガイドライン（原状回復をめぐるトラブルとガイドライン、再改訂版）が参考になります。

●国土交通省のガイドラインで基準が定められている
　原状回復の範囲をめぐっては当事者間でトラブルがよく起きるため、国土交通省は、建物の劣化の種類と修繕義務について、一定のガイドラインを定めています。
① 経年変化

経年変化とは、年数を経ることで発生する汚れや傷のことです。たとえば畳や壁紙の日焼けがあてはまります。人が住んでいる・いないにかかわらず発生する建物の劣化が、経年変化の対象です。これらは当然、家主が修繕義務を負うことになります。

② **通常損耗**

　通常損耗とは、通常に建物を使用する範囲内で発生する建物の損傷や劣化をさします。たとえば畳のすれや壁紙の汚れが、通常損耗と認められており、これらも家主の修繕負担と規定されています。ただし、たいていの場合、経年変化や通常損耗レベルの修繕費用は、前もって家賃に含まれているものです。

③ **借主の故意や過失による損耗**

　借主が、通常の生活を営む範囲を超えた使い方をしたり、故意や過失、注意義務違反によって、傷や汚れをつけた場合は、その修繕費用は借主の負担となります。借主の故意（わざと）や過失（不注意のこと）による損耗には、子どもの落書きやペットの作った傷や汚れがあてはまります。

■ **家屋の損耗の区別**

	内　容
経年変化	畳や壁紙の日焼けなど、年数を経ることで発生する汚れや傷のこと。これらは家主が修繕義務を負担する。
通常損耗	通常に建物を使用する範囲内で発生する建物の損傷や劣化のこと、これらも家主が修繕義務を負担する。
借主の故意や過失による損耗	通常の使用方法を超えた使い方をした場合や故意や過失、注意義務違反などによって傷や汚れをつけた場合は、その修繕費用は借主の負担となる。

Question 10 カーペットの損耗は通常損耗だと思うのですが、新品にして返さないといけないのでしょうか。賃借人が個人か事業者かで違いはあるのでしょうか。

通常カーペット交換の義務を負いませんが事業者は交換義務を負います。

建物賃貸借契約終了後には、賃借人は物件を「原状に回復して」明け渡さなければならないという内容の特約が結ばれているのが通常です。そして、原状回復とは、一般に建物の通常損耗分をもとの状態に戻す義務ではなく、基本的に、賃借人の故意・過失等による汚損等の回復をさすと考えられています。

賃借人が、具体的にどのような場合に原状回復義務を負うか否かについては、「原状回復をめぐるトラブルとガイドライン」が一定の指針を示しています。カーペットの損耗について、ガイドラインでは、たとえば、家具を設置したためにカーペットがへこんだような場合のように、通常の居住方法で発生した損耗等については、原状回復義務の対象にならないと扱われています。これに対して、食べこぼしや飲みこぼしなど、比較的明らかな手入れを怠った場合や不注意による損耗については、賃借人が新品に交換の上、居室を明渡す必要があります。

なお、住宅用賃貸では消費者契約法が消費者保護の観点から、過度な負担を負わせることが禁止されているため、原状回復義務も比較的緩やかです。これに対して、一般に営利目的事業用賃貸借では、原状回復特約が広く認められる傾向にありますので、カーペットの交換も賃借人負担とされる場合が多いようです。

敷金の精算の際、クリーニング代はどの程度差し引いてよいのでしょうか。

原則として差し引くことはできませんが、特約等の例外的な事情があれば差引き可能です。

　敷金は、入居時に借主が貸主に対して支払う金銭であり、賃貸借契約が終了して借主が建物を明け渡した後、未払賃料や原状回復費用等を差し引いた残額が借主に返還されることが予定されています。つまり、居室の明渡し時点までの債権を担保する役割があります。

　居室のクリーニング代の差引きについては、それが原状回復費用の範囲として、差引きが許されるのかという問題に行き着くことになります。原状回復をめぐっては、「原状回復をめぐるトラブルとガイドライン」が国土交通省により発表されていますが、ガイドラインでは、クリーニング費用は、原則として原状回復義務の範囲外として扱われています。つまり、クリーニング代を敷金から差し引くことはできないということになります。

　もっとも、クリーニングが必要になった原因が借主の故意の場合などには、借主が責任を負う可能性があります。また、賃貸借契約の中で、特約を結んでいる場合には、クリーニング代を借主が負担することもあり得ますので、敷金からの差引きが認められる場合があります。なお、クリーニング費用を借主が負担する特約の有効性については、特約の必要性があるか、借主負担の費用の範囲が明確か否かにより判断されます。

 退去時の立ち合いをしたところ、部屋タバコのヤニがひどいのですが、敷金から費用を差し引いてよいのでしょうか。

 借主の費用でヤニ汚れを除去すべきですので、敷金から差し引くことが可能です。

　賃貸借契約が終了し、退去する場合に、借主は居室を原状回復して返還する義務を負います。自然損耗については、貸主が修繕を行う義務があります。そのため、借主が故意や過失によって傷や汚れを作ってしまった場合でも、それが自然損耗のレベルのものであれば、修繕費を支払う必要はありません。

　一般的に自然損耗と認められるのは、畳や壁紙の変色の他にも、壁のポスター跡や、画鋲跡のような軽度の穴です。逆に自然損耗ではない、子どもの落書きやペットの作った傷、引越しの際に作った傷のような、通常では発生しない程度の劣化がある場合や、タバコの火による床の損傷については、借主に修繕義務が発生します。

　また、タバコに関して喫煙者が減少している社会状況が考慮され、平成23年に改訂された「原状回復をめぐるトラブルとガイドライン」においては、喫煙等によりクロス等がヤニで変色したりにおいが付着している場合は、通常の使用による汚損を超えると判断するケースが多い取扱いになっています。ヤニ汚れだけではなく、においが付着した場合でも、次の借主が見つかりにくい原因になりかねないことを考慮して、原状回復工事に必要な費用を借主が負担しなければなりません。

ペットによる傷や地震による家具転倒についての損害費用も敷金から差し引いてよいのでしょうか。

ペットがつけた傷の修繕は、地震による損傷と異なり、敷金から差引き可能です。

　ペットが、賃貸借契約の目的物である居室に、何らかの損傷を与える要因として2つ考えられます。1つ目はペットがつけた壁等に対する傷です。物件に対して傷がついてしまうと、敷金から引かれる可能性があります。もう1つはにおいです。ペットの中には、においが強い動物や尿等のにおいが問題になります。居室を退去する時に、においが強く残っている場合には、ハウスクリーニングのための修繕費が高くなることがあり、敷金から引かれることになります。特に、本来はペットの飼育が禁止されている居室では、借主の負担が重くなる傾向にあります。

　次に、地震等が発生した場合に、家具等が倒れ、居室を損傷した費用について、敷金から差し引くことは可能なのでしょうか。

　まず、たとえば震度が6や7に達するような、大型の地震が起きたために、家具等が倒壊した場合には、通常想定がつくような事態ではありませんので、家具などにより居室に損傷等が起きたとしても、敷金から差し引くことはできません。

　もっとも、小規模な地震であったにもかかわらず、家具等の設置方法に不注意があったといえる場合には、借主に落ち度が認められますので、居室の修繕費について、敷金からの差引きが認められる場合があります。

 借主から敷引特約によって取得した金銭の返還を求められていますが、返還の必要はあるのでしょうか。

 一定金額を控除して返還するか、契約書で明記すれば返還しないことも可能です。

敷引特約とは、退去する際に借主が一定額の敷金を貸主に返還することを、賃貸借契約時にあらかじめ約束しておく特約です。退去時の建物の状態にかかわらず、前もって修繕のために一定額の費用を敷金から差し引くことを決めておけば、後々敷金の返還の際にもめ事を避けることができるという考え方からできた特約です。差し引かれた金銭は、主に原状回復費用や空室損料（退去した部屋に次の入居者が入るまでの補償）に使われていますが、中には、契約が成立したことの貸主への礼金として扱われる場合もあります。そのため、特約で返還する敷金を減額しておきながら、退去時にはさらに修繕費を要求してくるケースも存在します。

また、敷引特約の有効性をめぐって多数の訴訟が提起され、下級審の判例の見解も分かれました。最高裁は、平成23年3月24日、「敷引特約は不当に高額でない限り有効」という趣旨の判断を下しました。その上で、礼金をもらわず、敷引金も月額賃料の2倍弱から3.5倍強にとどまっている敷引特約のケースについて「不当に高額ではない」として、敷引特約を有効としました。また、敷引金が、借主に全く返還されないとする場合には、契約書において明記するとともに、借主に対して、十分な説明を行う必要があると考えられています。

アパート退去後、敷金返還どころか不動産会社より壁の修理代金50万円を含む80万円という多額の補修費を請求されました。このような大金を支払わなければならないのですか。

金額が不当と感じた場合は専門家に見積りを取ってもらう方法が考えられます。

　賃貸借契約が終了し、部屋を出ていく際には、敷金は原則として全額返還されます。そして、借主の責任による破損の補修費などに充てられるのが通常です。居住する際に通常の利用によって生じた損耗については、家主の負担になります。

　したがって、本ケースのように敷金が返ってこない上に巨額の補修費が請求されるのは不当だといえます。退出時の請求額が80万円で、そのうち壁面や壁紙の代金として50万円が見積られているとのことですが、そもそも壁紙や壁面のボードの原価は1枚数百円程度です。工事費を加味したとしても、1枚当たりの請求額が原価の数十倍にのぼるものといえるでしょう。

　実際に専門家に問い合わせてみれば、このような請求額が標準工事価格に照らして不当に高いものだということがわかります。このようなケースにおける対策としては、家主側の不動産会社に専門家の見積りを示し、補修費を訂正してもらう方法をとるのがよいでしょう。なお、不動産会社からの請求書に記載されている材料単価をチェックする方法として「積算ポケット手帳」という本が書店などで売られているため、気になったときは活用してみるとよいでしょう。

空いている部屋の別階に空室が出ると聞き、とりあえず別の部屋に入居し空室が出たら移転しようと思っています。マンション内で部屋を移転すると敷金を支払うのでしょうか。

部屋ごとに支払うのが原則ですが、交渉しだいで新居へ充当できる可能性があります。

　賃貸借契約は、契約ごとに敷金や礼金などを払う必要があるため、本ケースの場合は原則として移転時にも敷金を支払う必要があります。

　ただし、敷金は居住者が家賃を滞納せず部屋などを破損していなければ全額返還されるため、返還された敷金を新しい部屋の敷金に充てることが可能です。

　しかし、これはあくまでも原則であるため、家主との交渉しだいでは融通を利かせてもらえるかもしれません。具体的には、最初の部屋に入居する際に契約書内に「別階に空室が出ればその部屋に転居でき、礼金や敷金は2階の分を充当することができる」などの条項を入れてもらうことです。このような条項を入れてもらうことで転居する際の礼金は不要になり、敷金もそのまま継続する方法で振り替えてもらえます。

　ただし、この方法が認められるのは、マンションの転居前・転居後の家主が同じであり、しかも家主が取り計らってくれる場合に限られるため、注意が必要です。また、家主が部屋の移転を取り計らってくれることになったとしても、口約束ではなく、必ず契約書に前述の条項を入れてもらうことが重要になります。

借主が借金をしていたようで、「敷金返還請求権を差し押さえる」内容の通知が届きました。滞納家賃などを差し引けないと困るのですが、どうなるのでしょうか。

賃貸借契約が優先されるため、滞納家賃などの控除は可能です。

　敷金は借主にとって財産のひとつとみなされています。そのため、借主に借金があるようなケースでは、敷金が差押え（債権者が債務の弁済を受けるために、債務者の財産を勝手に処分できなくしてしまうこと）の対象になることもあります。

　たとえば、借主が税金を滞納していた場合、税務署は、その税金の支払に充てるために、敷金を差し押さえて自由に使用できないような方法をとる場合があります。これを「敷金返還請求権の差押え」といいます。

　敷金は通常、賃貸借契約成立時に貸主が借主から預かっていますから、貸主にも敷金返還請求権の差押えの通知が行われます。

　ただ、家主に貸主として敷金を利用する権利がある限りは、敷金の請求権が差し押さえられても賃貸借契約が優先されることになっています。問題となっている借主が家賃を滞納している場合や、部屋の修繕を行わなければならない場合などは、敷金から未払家賃や部屋の修繕に必要となった金額を引いた後の残額を税務署などの債権者へと引き渡すことになります。もちろん、最終的に敷金がゼロやマイナスになってしまうような場合には貸主は債権者に何も支払う必要はありません。

Q18 競売により居住するマンションの所有者が代わったのですが、今までの契約は有効でしょうか。住み続けることができるのか、契約終了時の敷金返却があるのか不安です。

抵当権設定登記の日と引渡しの日の先後によって、明渡しの要否が決まります。

　競売とは、多くの買い手に競争で値をつけさせて、最も高い価格で申し出をした者に売る売買方法のことです。本ケースの場合、前所有者が金融機関などからの借入れを返済できず、借金の担保として設定されていた抵当権が実行され、裁判所を通じて強制的に競売にかけられたと推測されます。

　本ケースでは、現にマンションの引渡しを受けた上で、そのマンションに住んでいます。したがって、抵当権設定登記がされた日よりも先にマンションの引渡し（鍵の受領や家財道具の搬入なども引渡しに含まれます）を受けていれば今までの賃貸借契約に基づく権利をそのまま新所有者（競売で落札した人）に対しても主張することが可能になり、居住者はそのまま今のマンションに住み続けることができます。この場合は敷金が新しい所有者に全額引き継がれるため、契約が終了して部屋を明け渡した場合、その時点での所有者から返還を受けることができます。

　しかし、抵当権設定登記の日が引渡しよりも先である場合は、新所有者に対して賃貸借契約に基づく権利を主張できず、新所有者が買い受けた時から6か月以内にマンションを明け渡さなければなりません。この場合は敷金が新所有者に引き継がれていないので、前の所有者から返還を受けることになります。

5年契約で店舗を貸し、権利金300万円を受けました。2年後借主より解約申入れがあり、残り3年分の権利金180万円の返却を請求されました。返金する必要はあるのでしょうか。

新たな借主との二重取りを防ぐため、権利金は使用した年数に応じて返却します。

本ケースの場合、借主に対して権利金の一部を返却することになります。

権利金は、賃貸借契約を結んだ際に、場所的な利益の対価または賃料の前払いとして借主から家主に支払われます。敷金とは異なり、契約終了後は原則として返金する必要はありません。

しかし、契約の途中で解約した場合は、残りの契約期間分は店舗を使わないことになるため、借主の都合で解約されたとしても権利金の一部を返さなければなりません。

本ケースの場合、契約して2年で解約されることになるため、中途解約のペナルティとして権利金を返さないと主張することになりますが、契約を解除した後は、貸していた店舗が空くことで新たに次の借主を探すことができます。仮に権利金を返さずに次の借主に貸したとすると、権利金を二重取りすることになるため、権利金を返す必要があるのです。

借主は3年分の権利金180万円の返却を要求していますが、返すべき権利金は300万円÷5年×3年＝180万円となるため、要求通り180万円を返還しなければなりません。借主は、5年契約のうち2年しか店舗を使用しなかったことから、残りの3年分については権利金を支払う必要がないといえます。

Column

民法改正と借地・借家契約への影響

　債権法に関する民法の全面的な改正案が、国会に提出されています。これまでの民法では、現代の取引の実情に合わない部分も多く、基本的ルールの明確性・透明性を向上させて、国民一般にわかりやすい民法にすることが改正の目的です。国会での成立時期は未定ですが、賃貸借契約に関する規定も見直しが予定されており、実務に大きな影響を与える可能性があります。

　たとえば、改正前から民法には、貸主の修繕義務が規定されていました。しかし、借主の使い方が原因で修繕が必要になった場合や、借主が不要と思われる修繕を勝手に行うなどの問題が起こっていました。改正では、賃借人が故意・過失により目的物に損傷を加えた場合には、貸主が修繕義務を負わないことや、賃借人が修繕することができる要件が明文化される予定です。

　また、これまでの民法には、「敷金」に関する明確な定義が置かれていませんでした。そのため、借主が敷金の返還を受ける時期等をめぐり、トラブルに至るケースがありました。改正後の民法では、判例等の考え方をとりいれて、名目を問わず「賃料債務その他の賃貸借に基づいて生ずる賃借人の賃貸人に対する金銭の給付を目的とする債務を担保する目的で、賃借人が賃貸人に交付する金銭」というように、敷金に関する明確な定義が盛り込まれています。不明確であった敷金の性質について、賃料を担保する目的で交付されることが明らかにされました。

　そして、敷金の返還義務に関しても、借主に賃料の未払い分や、故意・過失による損傷の修繕費用などがなければ、「賃貸借契約が終了して明け渡す時」に返還しなければならないという扱いになる予定です。そのため、今後は、借り受けていた建物を、貸主に明け渡した場合には、その後に特別な交渉をすることなく、借主は敷金の返還を求めることが可能になります。

第6章

借地契約についてのトラブル

「土地は一度貸したら返ってこない」と言われるのはなぜでしょうか。

借地権の存続期間が原則として最低30年とされているからです。

借地契約とは、土地の所有者（地主）から土地を借りる契約のことをいいます。借地契約に基づいて土地を使用する権利を借地権といいます。

① 借地権の種類

借地権には、地上権と賃借権があります。地上権も賃借権も、工作物（建物など）を所有するために、他人の土地を使用することのできる権利であることは共通しています。

大きく違うところは、地上権の場合は地主の意思に関係なく自由に売ったり、抵当に入れることができるのに対して、賃借権の場合は他人に譲ったり、転貸（また貸し）するには地主の承諾が必要であるという点です。賃借権の場合、地主の承諾なく他人に譲ったり、また貸しすると契約は解除されて明渡しを請求されることもあります。地上権や賃借権は、それぞれ民法で規定されていますが、建物の所有を目的とする場合は、借地借家法の規定が優先されます。なお、現在の借地借家法は平成4年8月1日に施行されていますから、それより前に契約されたものについては借地法と借家法が適用されます。借地借家法と借地法、借家法では権利の存続期間などが違います。

② 借地権を主張する条件

借地権を第三者に主張するためには登記が必要ですが、地上権・賃借権のどちらも登記をすることができます。地上権は、地主に登記をする義務がありますが、賃借権の場合は、必ず登記をしなければならないというわけではなく、地主が賃借人からの要請に協力して登記をする程度にとどまります。登記すると、第三者に対して「この権利は自分のものだ」と主張することができます。借地権の登記をしなくても、借地の上に建てた建物の登記をしておくと、借地借家法10条の規定により地上権、賃借権を登記した場合と同様に第三者に権利を主張できますので、必ず建物の登記をしておくべきです。

③ **借地の存続期間**

借地借家法では借地権の存続期間は30年です。契約期間が満了した場合には契約を更新することも可能です。その場合は最初の更新では、更新後の期間は20年、再度の更新では10年になります。これらの期間は、契約でこれより長い期間にすることも可能です。なお、期間を定めないで借地契約を結んだときには存続期間は30年とみなされます。

また、借地契約の中には一時使用目的で契約を結ぶものがあります。土地利用目的が臨時的なもので、土地建物の利用の性質上、その利用目的自体が、時間的に制約されているものが一時使用目的の借地権です。たとえば、博覧会や一時的な商品展示会場として、土地を賃借して利用する場合や、自己所有建物の増改築の期間中に限って、仮住まいの建物を立てるために土地を賃借したりして利用する場合などがあります。

さらには、利用の目的にあわせて借地権の存続期間を一定期間で明確に区切った借地契約も認められます。これが定期借地権です。現在の借地契約は定期借地権の形式で利用されることが多くなっています。

自分の所有する土地にマンションを建設し、自身も一室に居住しながら家賃収入で生活することを考えています。このように、自分の土地を自分で借りることは可能なのでしょうか。

土地の所有者が他人とともに借主となる場合は、自己借地権が認められます。

　自分自身が、自身の所有する土地を借りるという行為は、一見不可能なようにも思えますが、借地借家法では「自己借地権」という権利が定められています。

　自己借地権とは、土地の所有者が自己を借地人として、自己所有の土地に対して借地権をもつ場合のことです。

　ただし、この自己借地権はすべてのケースにおいて認められるわけではありません。民法では、債権者と債務者が同じ人である場合は、その権利が消滅するとされています。自己借地権を安易に認めてしまうと、土地や建物の所有関係が混乱することが理由です。そのため、自己借地権が認められるケースは限定されています。

　具体的には、土地や建物の所有者が、他人と借地権を共有する場合などは、自己借地権が認められています。たとえば、自身が所有している土地に知人と共同でマンションを建設し、そのマンションに自身と知人が居住する場合などが挙げられます。この場合、貸主が自分自身で、借主が自身と知人になる場合は、自らが所有する土地を借りることが可能です。

　このような要件を設けることで、分譲マンションを建築した上で居住をする際のトラブルを避けることができます。

定期借地権とはどんな権利なのでしょうか。

契約の更新や建物買取請求を排除して設定することができる借地権です。

　定期借地権とは、一定の要件を満たした場合に認められる更新のない借地権のことをいいます。これによって借地の利用の幅を広げる効果があります。定期借地権は、契約の更新、建物再築による存続期間の延長がなく、契約終了時の借地人からの建物買取請求も排除することができます。

　定期借地権は、借地借家法で認められた制度です。通常の借地契約では、借地権の存続期間満了時、建物がある場合、地主に正当な理由がない場合には、契約が更新されることになっています。定期借地権は、このような契約更新を認めず、期間満了時には必ず地主に土地を返還するという条件がついた借地権です。地主への土地の返還が約束されるので、「借地にすると戻ってこない」というイメージから借地に慎重であった地主でも、柔軟に土地を運用することができます。借地料は通常の借地契約より安く設定されるので、借地人にとっては、期間は限られるが安い地代で土地を調達できるというメリットがあります。

　定期借地権には一般定期借地権、事業用定期借地権、建物譲渡特約付借地権の３種類があります。

① 　**一般定期借地権**

　50年以上の借地権存続期間を設定し、期間満了時には、借地人

が土地を更地に戻して速やかに返還すること、建物の買取請求はしないことを定める借地権です。契約は書面で行わなければなりません。通常は公正証書を利用します。使用目的が居住用か事業用かの制限はありません。

② 事業用定期借地権

事業のための使用に限られた借地権です。ただし、建物の賃貸は事業として認められません。借地権の存続期間は10年以上50年未満で設定できます。この借地権の契約は、公正証書によって行わなければなりません。事業用定期借地権は、契約期間が30年以上かどうかで内容が異なってきます。

③ 建物譲渡特約付借地権

期間満了時に、借地にある建物を地主が買いとるという特約のついた借地権です。存続期間は30年以上で設定します。業者が土地を借り、ビルやマンションを建てて、一定期間賃料収入を得た後は地主に売却するというビジネスモデルでは建物譲渡特約付借地契約がよく利用されます。契約について、書面でなければならないとは定められていませんので、口頭でも契約は成立しますが、公正証書で契約を結ぶのが一般的です。居住用、事業用の制限はありません。

■ 契約の存続期間と終了

	普通借地権	定期借地権			建物譲渡特約付
		一般	事業用		
借地権の存続期間	30年以上	50年以上	10年以上30年未満	30年以上50年未満	30年以上
契約の終了	存続期間満了＋正当理由	存続期間満了	存続期間満了	存続期間満了	借地権の建物を譲渡したとき
契約の方式	法律上は口頭でも可	公正証書などの書面で契約	契約書を必ず公正証書にする		法律上は口頭でも可

Question 4 借地契約の更新について教えてください。

Answer 合意更新、法定更新、更新請求の３つの方法があります。

借地権の存続期間が満了しても、建物がある場合であって、借地人が契約の更新を請求したとき、あるいは土地の使用を継続するときは、それまでの契約と同一の条件で契約を更新したものとみなされます。実際、地主の更新拒絶はなかなか認められていないのが実情です。

契約期限がきて土地を返さなければならないが、借地上に建物が残っているような場合や、借地権の譲渡・転貸の拒絶があった場合には、借地人は地主に対して建物買取請求権（借地人が建てた建物を買い取ってくれるように地主に請求する権利）を行使することができます。

借地契約の更新には、以下のような場合があります。

① **合意更新**

地主と借地人との間で話し合いの上、契約を更新することをいいます。実際には、合意更新で更新される場合がかなりの割合を占めています。合意で更新される場合には、借地人がいくらかのお金を更新料として地主に支払うことになります。

② **黙示の更新（法定更新）**

借地契約の期間が満了しても、借地人がそのまま土地を使用し続けており、地主の方でも放置しているような場合は、自動的に

契約が更新されます。黙示の更新が成立した場合、契約は従前と同じ条件で更新されることになります。

③　借地人からの請求（更新請求）

借地人の側から積極的に更新を求めることをいいます。借地人からの更新請求は、「借地契約の期間が満了したこと」「借地の上に建物があること」「借地人が期間満了前または期間満了後すぐに地主に対して更新を請求したこと」が要件になっています。更新請求したいときは、「今後も土地を借り続けたい」と地主に伝えます。

①で記載した通り、基本的には合意更新をする場合に更新料を支払うことになりますが、②や③の場合であっても地主から更新料を求められることがあります。このような場合、今後も円満な関係を続けていくために、借地人はなるべく更新料の支払いに応じる方向で検討していく方がよいでしょう。

なお、更新料を支払う場合、その金額は契約の内容や建物の状況などの様々な要素をふまえて、地主と借地人の話し合いによって決定します。一般的には、借地権の価格や土地の更地価格を基準にして決定することが多くなっています。

■ **借地契約の法定更新等の流れ**

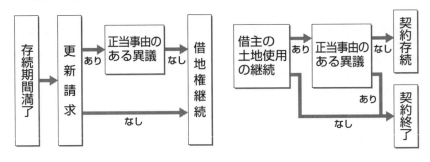

一時的借地権かどうかの判断はどのように行われるのでしょうか。

具体的な事情に応じて個別的に判断します。

　一時的借地権とは、一時的に使用することを目的とする借地権のことをいいます。たとえば、選挙の時にプレハブで選挙事務所をつくる場合、選挙事務所は一時的に建てているものなので、土地も一時的に使用することになります。このように、一時的に土地を使って、建物などを建てて使用することだと考えればよいでしょう。

　借地借家法25条によると、一時的借地権を設定したことが明らかな場合には、借地権の長期存続の保証、更新、建物買取請求、存続期間の延長などの規定は適用されません。したがって、借地期間が満了すると借地権は消滅し、土地を明け渡さなければなりません。一時的借地権にあたるかどうかの判断基準ですが、契約書に「一時的」との記載があるかどうかという形式的なことではなく、契約締結当時の背景や、土地使用の目的・状態など具体的な事実を総合して判断することになります。

　当事者間で定めた契約期間に争いがあり、裁判所の調停で賃借期間を数年間と決められたようなときには、その借地権を一時的借地権と認定していることが多いようです。ただ、当初の契約を結んだ時の当事者間の交渉の内容や状況、建物の規模や使用状況などの諸事情もあわせて考慮されます。

 同居していなければ借地権は相続できないのでしょうか。

 同居していなくても相続人であれば相続できます。

　ある人が土地を借りていて、その土地の上に家を建てて暮らしていた、という場合を想定して考えてみましょう。その人が亡くなり相続が開始すると、その人に帰属していた権利や義務は相続の対象となります。したがって、被相続人（亡くなった人）と同居していたかどうかにかかわらず、相続人は家の所有権と借地権を承継することになります。

　借地権者が亡くなった時点で、その土地には誰も住んでいないため、借地権も消滅してしまうのか、というとそうではありません。借地権も財産ですから、相続の対象になります。被相続人の借地権は他の財産と一緒に、死亡と同時にすべて相続されます。

　借地権は、借地借家法などによって手厚く保護されています。借地権は人がその土地の上に生活基盤としての家を建てて、暮らしていくために必要不可欠な権利だからです。

　もし、地主から家の撤去要求があったとしても、相続人はその要求に応じる必要はありません。それどころか、相続人は地主に対して借地権者の名義書替を請求することができます。

　こうした相続人の権利は、結婚したことなどによって姓が変わった場合であっても、変化することはありません。

30年前に締結した借地権契約を更新すると、借地権の存続期間はどのようになるのでしょうか。

建物によって存続期間が異なります。

　以前は建物所有を目的とする土地の賃貸借については、「借地法」が適用されていました。しかし、建物賃貸借と取扱いを一本化するために、平成４年に借地借家法が施行されました。いずれの法律が適用されるのかは、賃貸借契約を結んだ時が平成４年８月１日以後かどうかで決まります。したがって、30年前に契約を結んでいる場合には、借地借家法ではなく、借地法が適用されることになります。

　では、借地法の規定によると、借地権の期間はどうなっているのでしょうか。まず、借地法２条は、借地権の存続期間について、原則として、堅固な建物（ビルなど）は60年、普通建物（一戸建の住宅など）は30年と規定し、契約で堅固な建物は30年以上、普通建物は20年以上と定めることもできると規定しています。次に、更新後の存続期間については、借地法５条で、借地人がすでに長期間土地を利用してきたことを考慮して、更新のときより起算して、堅固な建物は30年、普通建物は20年としています。

　したがって、造りのしっかりしたビルを所有するために借地権を更新する場合は、更新時から起算して30年が借地権の存続期間になります。

借地人が地代を払わない場合は、どう対応すればよいのでしょうか。

督促を行っても状況が改善しない場合は、契約を解除できます。

　借地人が地代を払わない場合、地主は契約を解除することができます。マンションやアパートを借りる契約をするときと同じように、土地を借りるときも、借主は地代を地主のところへ持参するか地主の口座に振り込む必要があります。契約書にも、地代を地主へ持参か送金で支払う旨の条項を入れているのが普通です。したがって、借地人は、地代を地主のところに持参または送金する義務があります。にもかかわらず、借主が地代を支払わないのは、明らかな契約違反になります。

　借地人が全く地代を払わず、地主が取立てに行ってようやく払ってもらえても、その後は払ってもらえないというような状態の場合は、地主は契約を解除することができます。ただ、地代を払ってもらえないからといって、いきなり契約を解除するのは早計です。まずは、地主は借地人に対して、「10日以内に滞納している地代を払ってください。払わないと契約を解除します」といった内容の催促をする必要があります。それでも、借地人が地代を払ってくれないのであれば、契約を解除することになります。

　なお、地主が借地人に地代を取立てに行くという行為については、地代を払わない借地人自身に責任があるので、問題になりません。

毎年の地代値上げに対して、供託で対抗することができるのでしょうか。

今まで通りの地代を払っても受領を拒絶された場合に供託することができます。

　地主が地代の値上げを要求し、地主・借地人の間の話し合いで折り合いがつかない場合は、借地人は地代を供託（221ページ）して対抗することができます。この場合、まずは、供託をする前に、地主に前回と同じ地代を払ってみてください。そして、地主が地代の受領を拒否したときに、供託で対抗することになるわけです。

　供託は、債務の履行地を管轄する供託所に供託します。通常、土地賃貸借契約書には、「地代などについては地主の住所に持参または送金して支払う」という規定がありますから、地主の住所を管轄する供託所に供託することになります。そして、供託所に行って用紙をもらって、記入します。供託者の住所・氏名などの記載の他、供託者の印鑑が必要です。また、宛名の欄に地主の住所・氏名を記載して、郵便切手を貼った封筒を、供託書に添えて窓口に提出します。以上の手続きを経て、供託通知書が地主に送られます。

　なお、供託する場合には、弁済期として特定の日を指定するのではなく、期限を指定します。たとえば「毎月○日まで」というように記入します。また、供託する金額は、従前の家賃分でもかまわないのですが、従前の家賃分にあなたが妥当と考えた値上げ分を上乗せして供託する方がよいでしょう。

Question 10 地主が代わったら新たに契約をしなければならないのでしょうか。

 従来の契約を継続するので、新たに契約する必要はありません。

　土地が売却され、地主が変更した場合であっても、借地人は新しい地主と新契約を締結する必要はありません。また、新しい地主に対して敷金と礼金を払い直す必要もありません。土地の所有者が代わった場合、新しい所有者、つまり新しい地主になった者は、前の地主の貸主としての借地契約上の地位を承継することになります。借地人は、借地上の建物が登記されていれば、土地の所有者が代わっても、新しい地主に対して、これまでの土地賃借権の存在を主張（対抗）することができます。

　土地の賃借権の存在を対抗できるというのは、そのまま今までの土地賃貸借契約の内容を主張できるということです。したがって、前の地主との間で作成した土地賃貸借契約書については、地主の名義が代わるだけで、他の契約内容は全部同じということになります。

　新しい地主との間で何らかの書類を取り交わすとしても、「前の所有者との契約内容を、私どもが承継します」という内容を確認する程度で十分です。地代についても、従来通りの金額で新しい地主に引き継がれます。旧地主との土地賃貸借契約の条件は、そのまま新しい地主に引き継がれるわけですから、新しい地主は、前の地主が決めた額の地代しか請求できません。

地価の変動に合わせて地代を決める場合について教えてください。

契約で定めれば、地代を地価に合わせて変動させることができます。

　地価の変動に応じて地代を変えていく方式を採用することはできます。土地の価格は、毎年変動していきますので、地代も地価の変動に応じて、更新時に変更していく方式は、一応合法的であり、有効とされています。したがって、地代を自動的にスライドさせる方法を契約の条項に入れることもできます。

　もっとも、高級住宅街やビルが立ち並んでいるような地区などでは、不動産鑑定士などの専門家に鑑定してもらわなければ、正確な地価を算出することはできません。土地の価格をどのような側面から評価するのかによって、地価がどう上昇したのかについて判断が分かれることもあり、場合によっては、地代が大幅に値下がりするといったこともあります。

　したがって、契約条項の内容としては、更地価格そのものの上昇額のスライド率をとり入れるのではなく、地域の地価の上昇率や周辺地の公示価格に応じたスライド率をとり入れるとよいでしょう。

　なお、地代が変動する契約は、地代が一定の金額である契約に比べ、自ずと複雑な内容になります。無用なトラブルを避けるため、どの程度の地代の変動が予測されるのか、地主・借地人の双方がしっかりと把握しておくことが大切です。

税の負担が大きいので地代を値上げしたいのですが可能でしょうか。

２～３年間隔であれば値上げ要求も許されます。

現在の土地税制上、地主の負担は重く、また、相続があった時の相続税を考えると、地代の問題は切実ともいえます。

しかし、地代の値上げは、地主の都合だけで、いつでもできるものではありません。地主の利益と借地人の利益を調整するために借地借家法が制定されていますが、借地借家法では、土地の税金、地価などの変動や、近隣の似た土地の地代に連動して、地価の高騰、増税が先行し、「不相当」と見られるほどの低い額になったときに、地代の増額を請求することができると規定しています。つまり、土地の価格は、半年または１年ごとに変動していきますが、地価の高騰だけを地代値上げの根拠とすることはできないのです。裁判例では、３年ほどの据え置き期間を経ていれば、地代の増額請求の機会として妥当であるととらえているようです。

では、税負担に比例して毎年、地代を改訂するという特約を結ぶことはできるのでしょうか。地代の据え置き期間は原則として３年であるとしつつも、その間に増税があったときは、税金の増額分の金額だけを上乗せする、という特約を結ぶことはできます。ただ、１年ごとの地代更新の契約はあまり利用されていないので、よく借地人と話をして決めるのが無難です。

借地人が無断で温室を建てているのですが、無断で温室を建てたことを理由に地代を増額請求することはできますか。

増額請求は可能ですが、金額については当事者間で合意する必要があります。

　賃貸借契約で、「地主の許可なく借地上の建物を増改築できない」と契約している場合、まず、温室を建てることが増改築になるのかどうかが問題となります。確かに、温室を建てるのは、借地上にある家（住宅）の横に建てるのですから、増築にあたり、無断増築になるのではないかとも思われます。

　しかし、温室の建築は、借地利用としては当初の契約で予定されている軽度の増築だといえます。したがって、契約違反の程度も軽いので、土地賃貸借契約を解除して、土地を明け渡してもらうことは難しいでしょう。にもかかわらず、地主が無断増築を理由として土地の賃貸借を解除し、土地の明渡しを請求することは、借地人の態度を硬化させ、問題解決に手間がかかる結果になりかねません。

　そこで、契約を解除しない代わりに、借地人に対する一種のペナルティの意味を込めて、地代の増額を請求するとよいでしょう。温室を造ることによって、借地人には、土地を効率的に利用することができるというメリットが生じているからです。

　地代をいくら増額するのかは、当事者間の話し合いで決定します。妥当な金額について折り合いがつかない場合は、専門家に聞いたり、裁判所の調停を利用してみましょう。

借地権譲渡で地主から手数料を請求されたのですが、名義書替料を支払う必要があるのでしょうか。また、名義書替料はどの程度が妥当なのでしょうか。

一般的には売主である借地人が払います。相場は更地価格の10％前後です。

　借地権の譲渡をする場合、名義書替料の支払いが必要です。
　借地借家法では、「地主が代わったときに、借地権の登記がなくても、借地上の建物の登記をしていれば、新しい地主は借地人の権利を引き続いて認めなければならない」と規定していますが、借地人が代わっても、借地権はそのまま引き継がれるとする規定は、法律上ありません。むしろ、借地人が地主に無断で借地権を譲渡したときは、地主は、借地契約を解除して借地人に土地の返還を請求できます。したがって、借地上の建物を売却するためには、地主の承諾を得る必要があります。
　また、地主の承諾と引き換えに支払う名義書替料は、建物の売主（借地権者）が支払う例が多いのですが、必ず売主が払わなければならないというわけではありません。したがって、売買契約のときの話し合いで、買主（借地権つき建物の買主）が支払うという約束をしても、差し支えはありません。いずれにせよ、名義書替料は誰が支払うのかを、売買契約書に明記しておく必要があります。
　名義書替料は、地主が借地権者の変更を承諾する代わりに、地主に対して支払われるものです。具体的な額を定めた法律はありませんが、一般的には更地価格の10％前後が相場です。

 駐車場として貸したのに住宅を建てられた場合に立退きを求めることはできるのでしょうか。

 契約書に賃貸の条件を明記しておけば、土地の明渡し請求ができます。

　建物の所有を目的とする賃貸借または地上権の設定をすると、借地借家法によって借地人が強く保護されるため、将来的には借地人に対して土地明渡しを請求することが困難になります。したがって、土地を貸す場合には、使用目的が建物の所有にあるのかどうかを借主に確認し、契約書にきちんと明記しておく必要があります。

　土地の使用目的が「駐車場として使用すること」と契約書に明記されている場合には、借地借家法の適用を受けません。したがって、契約期間満了時に明渡しを請求する場合、「正当の事由」を要求されることはありません。

　また、借地人が契約に違反して無断で建物を建てているような場合であれば、期間満了を待つまでもなく、直ちに明渡しを求めたいところです。契約違反であることを理由に借地契約を解除し、建物の撤去・土地の明渡しを請求するのがよいでしょう。地主に損害が発生していれば、その賠償を請求することもできます。

　建物が建ってしまった後で撤去を求めるのは実際上、困難な場合もあります。その場合は、損害賠償によって解決することになります。

Question 16 借地契約が更新されないので建物買取請求をしたいのですが、いつまでに請求したらよいのでしょうか。

 特に期間の定めはありませんが、請求権が時効で消滅することがあります。

借地借家法は、契約の更新がない場合に、借地権者は、借地上の建物などを時価で買い取るように請求（建物買取請求）することができると規定しています。借地期間が満了後、借地上の建物を取り壊して借地を地主に返還しなければならないとすると、まだ利用できる建物を取り壊さなければならないという損失が大きいため認められています。建物買取請求権を排除する特約を契約で規定したとしてもそのような特約は無効です。

借地人による建物買取請求権の行使については、独自の期限の定めはありませんが、民法の定める一般の債権の消滅時効と同じく10年で時効により消滅します。

契約更新を地主に拒否された場合、できるだけ速やかに弁護士や不動産鑑定士といった専門家に相談して、内容証明郵便などで買取りを請求しましょう。建物買取請求権に基づいて訴訟を起こすこともできます。

買取請求の対象となる範囲は、当然建物が中心ですが、建物以外のものでも買取を請求することができます。たとえば、門扉、塀、ガスや水道の供給設備、カーポートなども買取請求の対象となります。なお、買取価格は、建物の時価になります。具体的な金額は、当事者間の話し合いで決めることになります。

 借地上の建物が滅失した場合、借地契約は存続するのでしょうか。

 建物が滅失しても、借地契約は存続します。

　平成4年8月1日より前に締結された借地契約の場合、借地法の規定に従うことになります。借地法では、地震などが原因で建物が消滅した場合でも、借地権自体は消滅せず、建物所有目的の借地権は存続します。

　建物所有目的の借地権がある以上、借地人は借地上に建物を建てる権利があります。この借地権が存続する間に建物を再築した場合、地主から異議がないときは、借地権は前の建物が滅失した日から30年間存続することになります。堅固でない建物の場合には20年間存続します。

　もっとも、地主から異議があったときは、残りの期間しか借地権は存続しません。つまり、契約は更新されないため、期間満了の時点で借地人は地主に土地を明け渡さなければなりません。ただ、新しく建てた建物については、地主に対して建物買取請求ができます。

　一方、平成4年8月1日以降に締結された借地契約の場合は、借地借家法が適用されます。借地借家法では、借地権の存続期間中に建物が滅失（借地権者が取り壊す場合も含む）したときに、建物の再築について地主の承諾がある場合には、借地権がその後20年存続するとされています。

Question 18 借地上の建物を無断で売却していた借地人への法的な対処法を教えてください。

　無断譲渡をしているので、明渡しを請求できます。

　借地権の無断譲渡は契約の解除理由になります。借地上の建物が第三者に売却されると、借地権も建物とともに第三者に譲渡されることになるので、地主の承諾が必要です。したがって、借地人が建物を地主の承諾なく売却した場合には、地主は借地人に対して借地契約の解除を主張することができます。

　また、地主は建物を買い受け、現在建物に居住している第三者に対し、土地の明渡しを請求することもできます。ただ、借地上の建物に住んでいる第三者が地主に承諾を求めてくる可能性もあります。地主が第三者からの請求を承諾した場合、借地人の行った譲渡を認めることになるので、借地権は第三者に譲渡され、契約内容も借地人との契約内容と同じものになります。仮に借地権の譲渡前に借地人が地主に承諾を求めたにもかかわらず、地主が拒絶した場合、借地人は地主に建物買取請求を行使することができます。あるいは、借地人は借地権譲渡の許可を裁判所に申し立てることで地主に代わって譲渡の許可を裁判所から得ることもできます。なお、無断譲渡により契約が解除された場合には、借地人は地主に対して建物買取請求権を行使できないのが原則ですが、借地人保護の観点から、建物買取請求権の行使が認められる可能性はあります。

高齢の借地権者から、子どもへ譲渡する旨の承認を求められた場合、どのように対処したらよいのでしょうか。

無断譲渡による解除はできません。承諾の条件をよく話し合いましょう。

　借地人が借地権を第三者に譲渡する場合、あらかじめ地主の承諾を得ていれば何ら問題はありませんが、地主の承諾なく無断で借地権を譲渡した場合、地主は賃貸借契約を解除できるのが原則です。ただ、借地権の無断譲渡があったとしても、賃貸人に対する「背信行為」とならない特段の事情があるときは、契約を解除できません。賃貸借契約は当事者間の信頼関係を基礎にしているので、信頼関係が破壊されない限り、契約解除が制限されるのです。「特段の事情」とは、親族など強い人的関係にいる者との間に起きた譲渡・転貸などをさします。たとえば、高齢の借地人が、自分の子どもに借地権を譲ったというような場合には、無断譲渡を理由に、地主が契約を解除することはできないことになります。

　ただ、たとえ親族間の譲渡であっても、単なる営利のためや、経済的な利益を考えての譲渡のような場合には、賃貸借契約の解除が認められる可能性があります。

　なお、借地人が直接「借地権を親族に譲りたい」と承諾を求めてきたような場合は、当然、無断譲渡・転貸にはなりません。このような場合は、当事者間で承諾の条件をよく話し合う方が双方の利益になるでしょう。

増改築すると地主に承諾料などを払わなければならないのでしょうか。

個々のケースの状況に合わせて判断されます。

　承諾料を支払うかどうかは、増改築の状況などから個々に判断されます。借地上の建物の増改築をする際に、地主の承諾が必要かどうかは、無断増改築を禁止する特約があるかどうかによって、判断が変わってきます。

　まず、増改築禁止の特約がない場合は、増改築をするときでも、地主の承諾を必要としません。地主には、借地人の増改築を阻止する法律上の権利がないからです。

　ただ、実際のところは、借地人と地主との関係を円満に保つための配慮から、承諾料がやりとりされるケースが多いようです。承諾料の金額は話し合いで決めることになりますが、承諾料の相場としては、更地の地価の３〜８％が妥当なところです。

　しかし、「地主は承諾料を支払え」と要求できる法律上の根拠はありませんので、借地人に支払意思や能力がなければ、拒絶することもできます。

　一方、増改築禁止の特約がある場合には、現在ある建物の借地権を保護するという借地借家法の趣旨に反するわけではないので、その特約は有効です。

　結局、どうしても増改築したいのであれば、いくらかのお金を提供して事前に地主の許可を得ておくべきでしょう。

借地契約期間が満了したのですが、契約更新を求めることはできるのでしょうか。

地主が何も言ってこない場合は更新されたと考えてよいでしょう。

　借地契約の期限が過ぎても、地主が何も言ってこない場合は、契約が更新されたものとみなしてよいでしょう。また、地主からの明渡請求も拒否できます。契約期間の満了にもかかわらず、借地人が引き続き土地を使用している場合、地主が遅滞なく異議の申立てをしないと、前の契約と同じ条件で借地契約の更新があったものとみなされます。これを「法定更新」といいます。なお、借地契約が借地借家法の施行される前の契約である場合、更新後の存続期間は、堅固な建物については30年、普通の建物は20年です。

　一方、地主がすぐに異議を述べた場合にはどうなるのでしょうか。地主からの異議申立てが認められるためには、地主が自らその土地を使用する必要がある場合などの正当事由がなければなりません。正当事由とは、借地人が地代を滞納していて、いくら催促しても払ってくれないなど、借地人が契約上の重大な義務違反をした場合をいいます。地主の異議の申立てが正当な事由にあたる場合には、借地契約は更新されません。こうした事情がなく、地主が契約更新で何も言ってこない場合は、当然、借地契約は更新されます。そのため、後で地主が借地の明渡しを請求してきたとしても、借地人が応じる必要はありません。

更新後に滞納地代を連帯保証人に請求できるのでしょうか。

契約更新後に連帯保証人の責任は存続しません。

　まず、当初の保証契約で更新後も継続して保証する旨の規定を明確に定めていれば、連帯保証人は契約更新後も引き続き保証人としての義務を負います。

　一方、そのような規定を置かなかった場合、契約更新後は連帯保証人の責任は存続しないことになるでしょう。

　確かに、借家契約が原則更新されるものであることを考えると、保証人も契約が更新されることを前提として保証したはずですから、更新後の借地人の債務についても保証されるようにも思われます。実際、借家契約については、契約更新後も保証人の責任が継続することを認めた判例があります。

　しかし、借地契約の場合、借家契約と異なり当初から30年という長期の契約を結んでいることもあります。だとすると、30年後も保証人に引き続き保証する意思があったとはいえないと考えるのが通常でしょう。

　個々のケースごとに判断が異なることはありますが、原則として更新後の借地契約については、連帯保証人に責任は生じません。したがって、更新後の滞納地代を連帯保証人に請求することはできません。また、賃料未払いなどが原因で、借地契約が解除された場合、借地人は地主に対して、契約更新の請求はできません。

契約途中で地主から契約期間の短縮を求められたのですが、どうしたらよいのでしょうか。

当事者間で合意すれば、特約として有効になります。

契約途中における契約期間の短縮は、両当事者間の話し合いによって合意すれば、特約として有効になります。

借地人には、期間満了まで、土地を使用する権利があります。さらに、契約期間が満了しても、引き続き契約を更新してもらえる更新請求権も認められ、手厚く保護されています。

契約期間の途中で、当初の期間を短縮して更新できないとすることは、実質的には地主からの解約にあたりますが、借地人が話し合いで納得した上で結んだ特約であれば、更新請求権は放棄したものとみなされても、仕方がありません。借地借家法は、借地人にいろいろと有利な権利を認めていますが、法律に規定があるとしても、契約上は当事者の合意が優先します。

借地借家法は、契約成立後に借地人自らが借地に関する有利な権利を放棄することまで禁ずるものではないので、借地人が納得して不利な特約を結んだ場合、その特約は有効です。実際には借地人が期間の短縮に同意することはあまりないかもしれませんが、借地人がしぶしぶ期間の短縮を承諾した場合でも、一度合意してしまうと自由な意思で特約を結んだものとみなされてしまいます。契約内容変更の申入れを受けた場合、しっかりと地主と話し合い、なるべく不利にならない条件で折り合いをつけるべきです。

借地契約の更新の際に高額な更新料を請求されたのですが、支払う必要があるのでしょうか。

更新料の額は地主との話し合いで決めることになります。

　更新料は払う必要があるとしても更新料の金額は、地主との交渉しだいです。借地契約の期間満了による更新料については、法律上の根拠があるわけではありません。

　借地借家法は、期間満了の際には、原則として借地の上に建物がある限り、借地人から地主に更新を請求すれば、借地契約は、それまでと同一の条件で当然に更新されたものとみなすという規定を置いています。ただ、例外として、地主が、土地を自分で使うなどの正当事由があり、かつ、すぐに借地人に対して更新についての異議を述べた場合だけ、更新を拒み、土地明渡しを求めることができます。

　更新料については、法的な根拠がない以上、更新料を払わないからといって、更新が拒絶されるということはありません。そこで借地人は、地主から更新料を請求されたとしても、更新料の支払いを拒否することはできます。

　しかし、これからも地主とは円満な関係を維持していきたいのであれば、いくらかの更新料を払うべきでしょう。更新料は、当事者である地主と借地人の間で話し合いによって決まりますから、地主の言い値が高額すぎる場合は、双方にとって妥当な金額となるように、交渉を重ねていく必要があります。

第7章

困ったときの法的手段

賃貸トラブルの種類と解決法

家賃の滞納や敷金の返還をめぐるトラブル

　借家契約の目的物は一戸建からアパート・マンションまで様々です。借家におけるトラブルとしては、家賃滞納の問題、家賃の増額や減額についての問題、転貸（また貸し）の問題、更新料の問題、立退きや立退料の問題、敷金や保証金の問題など、いろいろあります。その中でも家賃滞納によるトラブルや、敷金（保証金）の返還をめぐるトラブルが多く発生しています。家賃の滞納が3か月以上に及べば、家主と借家人との信頼関係は壊れたといえることが多いことから、契約の解除が認められます。

　敷金や保証金は借家人が家賃を滞納した場合にその滞納分を補てんしたり、借家の明渡し時に壊した建具などの修理にあてます。そういった費用がなければ、家主は預かった敷金や保証金は全額、借家人に返還する義務があります。ただ、契約書で「一定の敷金を清掃費などにあてるために差し引く」などの特約がある場合は、その特約は有効です。

借家を借りるときの注意点

　借家を借りる際には、後日トラブルが発生することのないように、契約に先だって契約書の内容をしっかり確認する必要があります。

　特に確認すべき点は、①家賃の額（額の増減についてのとりきめなど）、②敷金の額（償却の有無や返還方法など）、③家賃の支払方法（持参か振込みかなど）、④契約期間（更新についての取り決めなど）、⑤借家の使用目的（住居などに限るのかどうか）、⑥賃借権の譲渡や転貸について（禁止なのかどうかなど）、⑦家

■ 借地借家をめぐるトラブル解決法

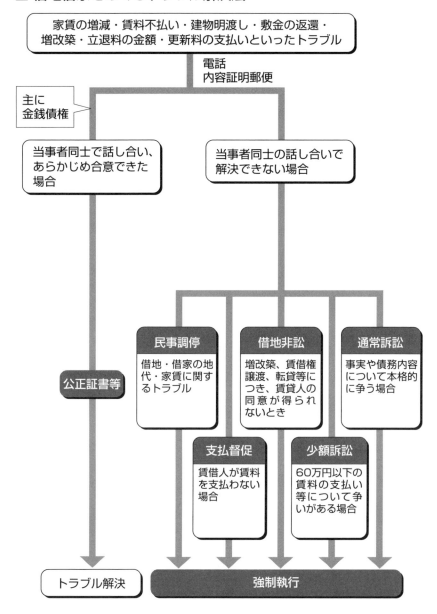

賃の滞納があった場合の処理、⑧借家の修繕の必要が生じた場合の処理（修繕義務者や費用負担者など）、などが挙げられます。

借地のトラブル

借地契約は、借地人が地主から土地を借り、又は地上権の設定を受け使用収益をすることができることを約する契約です。借地人は使用収益の対価として、地主に地代（正確には賃借権の対価を賃料といい、地上権の対価を地代といいます）を支払います。

借地におけるトラブルには、賃借権の譲渡や転貸をめぐる問題、土地の明渡しや契約解除をめぐる問題、などがあります。トラブルを防ぐためには、契約書の内容をしっかり確認する必要があります。

最終的には訴訟によって解決する

家賃や地代の支払が滞っている借家人や借地人に対して法的手段を考える前に、債務者（借家人又は借地人）に事実上のプレッシャーをかけるために、内容証明郵便を利用すると効果的です。公正証書の作成なども事前にトラブルを予防する手段といえます。執行受諾文言付きの公正証書があれば、金銭債権につき、訴訟手続きを省略して、いきなり強制執行をすることも可能です。当事者間でまとまった合意内容を簡易裁判所に申し立てて和解調書にしてもらう即決和解という方法もあります。また、借地非訟や民事調停のように裁判所に間に入ってもらうこともできます。

しかし、債務者の協力が得られないときにはやむを得ず、債務者を相手に、仮差押や支払督促、訴訟の提起という法的手段をとることになります。最終手段が訴訟ですが、訴訟にも短時間で解決できる少額訴訟（原則として1回の審理で判決が出されます）と通常の訴訟があります。

内容証明郵便の利用法

内容証明郵便とは

　内容証明郵便は、誰が、どんな内容の郵便を、誰に送ったのかを郵便局に証明してもらえる特殊な郵便です。一般の郵便物でも書留郵便にしておけば、郵便物を引き受けた時から配達されるまでの保管記録は郵便局に残されます。しかし、書留では、郵便物の内容についての証明にはなりません。その点、内容証明郵便を配達証明付きにしておけば間違いがありません。郵便物を発信した事実から、その内容、さらには相手に配達されたことまで証明をしてもらえます。これは、後々訴訟になった場合の強力な証拠になります。書かれている内容自体はさほどのものでなくても、内容証明郵便で通知をすれば相手方に心理的なプレッシャーをかけることができます。

　内容証明郵便は、受取人が1人の場合でも、同じ内容の文面の手紙を最低3通用意する必要があります。ただ、全部手書きである必要はなく、コピーでも大丈夫です。郵便局ではそのうち1通を受取人に送り、1通を局に保管し、もう1通は差出人に返却することになっています。同じ内容の文面を複数の相手方に送る場合には、「相手方の数＋2通」用意することになります。内容証明郵便は受取人にある程度のインパクトを与える郵便です。後々訴訟になった場合、証明力の高い文書として利用することにもなります。ただ、一度送ってしまうと、後で訂正はできません。

　このことから、内容証明郵便で出す文書は、事実関係を十分に調査・確認した上で正確に記入することが必要です。

内容証明郵便の書き方

　内容証明郵便で1枚の用紙に書ける文字数には制約があります。縦書きの場合は、1行20字以内、用紙1枚26行以内に収めます。横書きの場合は、①1行20字以内、用紙1枚26行以内、②1行13字以内、用紙1枚40行以内、③1行26字以内、用紙1枚20行以内の3つのパターンの書き方があります。つまり、用紙1枚に520字までを最大限とするわけです。もちろん、長文になれば、用紙は2枚、3枚となってもかまいません。ただ、枚数に制限はありませんが、1枚ごとに料金が必要になります。

内容証明郵便の出し方

　こうしてできた同文の書面3通（受取人が複数ある場合には、その数に2通を加えた数）と、差出人・受取人の住所氏名を書いた封筒を受取人の数だけ持って、郵便局の窓口へ持参します。郵便局は、近隣のうち集配を行う郵便局と地方郵便局長の指定した無集配郵便局を選びます。誤りがあったときなどのために、訂正用の印鑑を持っていくのがよいでしょう。

　郵便局に提出するのは、内容証明郵便の文書、それに記載された差出人・受取人と同一の住所・氏名が書かれた封筒です。窓口で、それぞれの書面に「確かに何日に受け付けました」という内容の証明文と日付の明記されたスタンプが押されます。その後、文書を封筒に入れて再び窓口に差し出します。そして、引き替えに受領証と控え用の文書が交付されます。

　差し出した郵便局では謄本を5年間保存しています。

電子内容証明郵便とは

　郵便局から出す内容証明郵便では、郵便局員が実際に差し出す文面を読んで内容を確認し、記入にミスがないかを調べます。そ

のためある程度の時間がかかりますし、郵便局が開いている時間でなければ受け付けてもらえません。

電子内容証明サービスを利用すれば、受付はインターネットを通じて行われるため、24時間いつでも申込みをすることができます。しかも、文書データを送信すれば、自動的に3部作成し、処理してもらえますので、手続きは短時間で終了します。差出人から送信された電子内容証明文書のデータは、郵便局の電子内容証明システムで受け付けます。その後、証明文と日付印が文書内に挿入されてプリントアウトされ、できあがった文書は封筒に入れて発送されます。

なお、料金は、基本料金82円、内容証明料金1枚につき375円（1枚増えるごとに353円加算）、書留料金430円、配達証明料金300円です。他に通信文用紙料金15円（2枚目以降は5円）、謄本送付料金298円がかかります。利用の方法など詳細については「e内容証明」のホームページを参照してください。

■ 内容証明郵便の書き方

用　紙	市販されているものもあるが、特に指定はない。 B4判、A4判、B5判が使用されている。
文　字	日本語のみ。かな（ひらがな、カタカナ）、 漢字、数字（算用数字・漢数字）。 外国語不可。英字は不可（固有名詞に限り使用可）
文字数と行数	縦書きの場合　　：20字以内×26行以内 横書きの場合①：20字以内×26行以内 横書きの場合②：26字以内×20行以内 横書きの場合③：13字以内×40行以内
料　金	文書1枚（430円）＋郵送料（82円）＋書留料（430円） ＋配達証明料（差出時310円）＝1252円 文書が1枚増えるごとに260円加算

※平成28年10月時の料金

書式 家賃滞納による契約解除の通知書

通知書

　私は貴殿に対し、後記の通りの条件で、当方所有の後記の建物を賃貸しておりますが、貴殿は、平成〇〇年〇月分から平成〇〇年〇月分までの賃料3か月分、合計金〇〇万円の支払いを怠っております。つきましては、本書面到達後7日間以内に滞納額全額をお支払いくださいますよう、ご請求申し上げます。
　もし、右期間内にお支払いのない場合には、あらためて契約解除の通知をなすことなく、右期間の経過をもって、貴殿との間の本件建物賃貸借契約を解除いたします。

記

1　賃貸物件
　東京都〇〇区〇〇〇1丁目1番1号
　家屋番号5番
　木造瓦葺2階建居宅兼店舗
　床面積　1階　50平方メートル
　　　　　2階　40平方メートル
2　家賃　　1か月金〇〇万円
3　家賃支払期日
　翌月分を毎月末日限り支払う
（以下、日付、差出人・受取人の住所・氏名省略）

通常訴訟の手続き

裁判の提起から判決まで

ここでは、訴訟の一般的な流れを概観しておきましょう。

① 訴えの提起

訴訟を起こすことを決断し、訴状を裁判所に提出します。

最初に訴えを起こす裁判所は、地方裁判所・家庭裁判所・簡易裁判所のどれかです。一般の訴訟は、地方裁判所か簡易裁判所のどちらかです。この２つのうちのどちらの裁判所になるかは、訴訟で主張される権利の価値（金額、訴訟物の価額）が140万円を超えるかどうかで決まります。140万円以下であれば簡易裁判所、これを超える場合には地方裁判所が管轄になるというのが原則ですが、不動産訴訟（不動産の明渡し訴訟や相隣関係訴訟）については、訴額が140万円以下であっても、地方裁判所にも訴えを起こすことが可能です。この金額は利息や遅延損害金を除く元本が基準になります。たとえば、130万円の賃料支払請求を起こす場合には、利息や遅延損害金を含めて140万円を超えても、簡易裁判所が管轄することになります。

訴状は、訴える側（原告）が裁判所に提出する書面です。一定の事項を記載して、何について裁判してもらうかを明らかにします。裁判長は訴状を審査しますが、訴状に不備があれば、裁判長は一定の期間を定めて原告に補正を命じることができます。期間内に補正がないときは訴状を受理してもらえません。

② 訴状の送達と答弁書の提出

訴状が裁判所に受理された後に、裁判所書記官によって訴状が訴えられた側（被告）に送られます。訴状が被告のもとに届いたときに訴訟が成立します。これを訴訟係属といいます。訴状を受

け取った被告は、答弁書を裁判所に提出します。答弁書は裁判所から原告に送り届けられます。

③　第1回口頭弁論期日

口頭弁論とは、裁判官の前で口頭で訴えについての主張や反論を行うことをいいます。判決を下すには、必ず口頭弁論を開かなければなりません。裁判所は、原告・被告双方に対して第1回口頭弁論期日を指定します。第1回目の口頭弁論では、通常、原告が訴状に基づいて請求の趣旨を陳述し、被告は答弁書に基づいて訴えの却下や請求棄却を求める陳述を行います。

口頭弁論は必要があれば数回行われますが、終結するまでに行われた口頭弁論の全体が判決の基礎になります。

口頭弁論の終結から判決まで

裁判所は、口頭弁論で行われた主張や反論、提出された証拠などを考慮して、判決をするのに熟したと判断した場合には、口頭弁論を終結する旨の宣言をし、判決言渡期日を指定します。

法廷が1人の裁判官にまかされている場合にはその者の判断によって、合議制であれば複数の裁判官が集まって評議を行い、判決の内容を決めます。判決は言渡しによって効力を生じます。言渡しは、公開の法廷で、裁判長が主文を朗読して行われます。判決の正本は、原告と被告に送られます。判決の言渡しによって、訴訟は一応のしめくくりを迎えます。訴訟当事者がその判決に異存がなければ、判決正本を受け取ってから2週間でその判決が正式に確定します。

なお、裁判官は神様ではありませんから、誤った判決が絶対にないとはいいきれません。そこで、当事者が上級の裁判所に対して、裁判の取消し・変更を求める不服申立ての制度が設けられています。これを上訴といいます。

簡易裁判所の活用法

裁判所の窓口の利用法

　相手に請求する金額が140万円以下である場合には、簡易裁判所に訴えなどを申し立てます。簡易裁判所は全国438か所に設置され、国民に身近な裁判所として、日常で起こる紛争を取り扱っています。少額訴訟や民事調停、支払督促など便利な手続きを用意しています。

　簡易裁判所を利用する場合、まずは窓口を利用することです。相談窓口では、どのような請求をしたら有利か、などという相談はもちろんできません。手続きの進め方に関する相談がメインですが、それでも、①紛争の相手方が誰であるのか、②紛争の内容はどのようなものか、③どのような証拠があるのか、などの質問をされることがあります。相談する前には、これらの点について事前に整理しておくとよいでしょう。音声メッセージとファックスを使って、簡易裁判所が行う民事手続について案内するサービスも行っている裁判所もあります。

民事調停とは

　話し合いで紛争を解決したいと考えたとき、すぐに思い浮かぶ方法が調停です。調停は、第三者である調停機関が紛争の当事者双方の合意が得られるように説得しながら、和解が成立するために努力する手続きです。したがって、当初から当事者の対立が激しく、ほとんど歩み寄りの余地がない場合には適しません。

　訴訟に比べ、費用も時間も大幅に節約できます。特に簡易裁判所で行われる民事調停は、売買や賃貸借など、身近な財産上の紛争を解決するためによく利用されています。

調停の申立ては、簡易裁判所に申立書を提出して行います。弁護士などの専門家に依頼せず、本人が申し立てることも可能です。

調停委員会は、原則として裁判官と民間人から構成され、委員には司法関係者の他に、大学教授や医者・建築家・公認会計士・不動産鑑定士といった各分野の専門家も選ばれます。

調停期日には、原則として本人が裁判所へ出頭しますが、仕事の都合や病気など、やむを得ない事情があれば、調停委員会の許可を得て、代理人を出席させることもできます。話し合いは、当事者と調停委員がテーブルを囲んで比較的和やかな雰囲気で行われます。裁判官は手続きの要所要所に出席するだけで、主に２人の調停委員が当事者から事情を聞いて、紛争の要点を把握していきます。

調停が成立すると、調停調書には確定判決と同一の効力が与えられていますので、相手方が約束を履行しない場合は、強制執行（219ページ）に踏み切ることもできます。調停が合意にいたらないで終わっても、２週間以内に訴えを起こすと、申立手数料を民事訴訟の印紙代に充当できます。

なお、調停を申し立てても、相手方が調停期日に出席しない場合や、出席したとしても合意が得られなければ、調停は不調に終わります。

■ **民事調停の手続き**

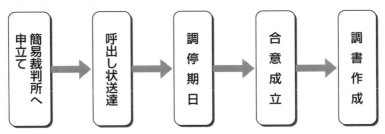

支払督促

　相手方が債務の存在を認めているもののなかなか支払いに応じないという場合には、支払督促という手段を利用するのがよいでしょう。支払督促は迅速でしかも簡単に支払いを実現させる法的手続です。債権者からの申立てを受けて、裁判所が債務者に対し債務の支払いをするように命令を出します。申立てを受けた裁判所は、証拠調べや債務者に事情を聞くなどの行為は一切行わず、債権者の申立書を形式的に審査するだけで支払督促を出します。訴訟のように費用や時間はかかりません。

　支払督促は、債権者の一方的な申立てに基づいて行うものですから、申立人の請求に誤りがあり、請求自体が不当だという場合には、債務者は異議を申し立てることができます。債務者からの異議があれば訴訟に移行することになっています。しかし、相手方から異議がなければ強制執行に着手することもできます。支払督促を利用できる権利には制限があります。金銭または有価証券その他の代替物の一定量に関する請求、つまりお金や株券・手形・小切手などの有価証券の支払を請求する場合などに限られています。

　貸主が家賃や地代を請求する場合の他、借主が敷金の返還を請求する場合にも、支払督促を利用することができます。

　支払督促は、相手方の住所地を管轄する簡易裁判所の裁判所書記官に申立書を提出します。相手方が法人（会社など）であれば、請求する債権が生じた支店や営業所の所在地を管轄する簡易裁判所に申立てをします。

　支払督促の場合は請求金額がたとえ500万円であっても、簡易裁判所の書記官に申立てをします。支払督促は相手方に送達されることが条件になっていますから、たとえば債務者（借主）が国外にいて送達できないような場合には利用できません。

申立手数料は請求金額によって決まります。訴訟を起こす場合の手数料の半額です。手数料は収入印紙にして、申立書に貼ります。その他に、申立書の提出費用や送達費用として数千円が必要です。申立手数料は、相手方から異議が出て訴訟に移ったとしても、訴訟費用の一部に流用できるのでムダにはなりません。申立てが受理されると、裁判所書記官は債権者の請求を認めて支払督促を発付します。書面の審査も、所定額の収入印紙が貼られているか、郵券（郵便切手）が添付されているかなどの形式的なチェックや、請求の趣旨と原因が関連性のあるものになっているか、といった大まかな整合性を確認するだけです。裁判所へ行く必要があるのは、督促の申立てとその後の仮執行の申立て手続のときだけです。
　支払督促が発付されると、正本が相手方（債務者）に送達されます。相手方が、送達を受けた後2週間以内に異議申立てをしない場合には、後述するように仮執行宣言が付されます。異議申立書は、特に不服の理由を記載しなくてもよい形式になっていて、印紙代も不要です。切手代はかかります。
　送達後2週間しても相手方から異議申立てがなければ、債権者は裁判所に仮執行宣言の申立てをして、強制執行に移ることができます。仮執行宣言とは、支払督促が確定していなくても、仮に強制執行してもよい、ということです。仮執行宣言の申立ては、その申立てが可能になった日から30日以内にしないと、支払督促自体が失効しますから注意してください。
　その後、仮執行宣言つきの支払督促が相手方に送達されます。これを受け取ってから2週間以内に異議申立てがなければ、支払督促は確定し、訴訟による確定判決と同じ効力をもつことになります。
　なお、仮執行宣言付支払督促に対して相手方が異議申立てをし

たとしても、すぐに執行手続きが止まるわけではありません。この異議申立ては、仮執行宣言付支払督促が法的に確定してしまうのを防ぐだけの効果しかありません。実際に執行を止めるには、相手方が新たに強制執行停止の裁判を起こすしかないのです。

少額訴訟

　通常訴訟とは別に、裁判制度の利用の幅を広げるために導入されたのが少額訴訟制度です。

　少額訴訟で扱われるのは、60万円以下の金銭の支払請求に限られています。そのため、たとえば、動産の引渡しを請求する訴えなどの場合には、この手続きは利用できません。

　少額訴訟を提起する裁判所は、簡易裁判所です。同一の原告が同一の簡易裁判所に対して行うことができる少額訴訟の申立回数は、年間10回までに限定されています。このように利用回数が限定されているのが少額訴訟の特徴のひとつです。

■ 支払督促申立手続きの流れ

1. 債務者の住所地の簡易裁判所へ行く
2. 支払督促を申し立てる
3. 異議申立て期間の満了
4. 仮執行宣言を申し立てる（異議があれば民事訴訟手続へ）
5. 仮執行宣言付支払督促の送達（異議があれば民事訴訟手続へ）
6. 仮執行宣言付支払督促の確定（正本送達後、2週間以内に異議申立てがない場合）
7. 強制執行の申立てをする（債務者が支払いを拒み続けているとき）
8. 債務者の財産を差押・競売

通常の民事訴訟では、提出が認められている証拠について特に制限はありませんが、少額訴訟では、証拠調べはすぐに取り調べることができるものに限られています。これは、少額訴訟が、前述のように原則として1回の期日で審理を終わらせることを前提としているからです。証拠としては、出頭している当事者本人、当事者が連れてきた証人、当事者が持参した書証や検証物などを挙げることができます。
　不服申立てについても少額訴訟は大きく異なっています。
　通常の民事訴訟では、判決に不服がある者は、上級裁判所に上訴（控訴・上告）することができます。しかし、少額訴訟は一審限りで、判決に対して控訴することは認められていません。その代わり、不服がある場合には、判決をした簡易裁判所に異議を申し立てることができるしくみになっています。この異議が認められると、手続きは通常の民事訴訟手続の第一審手続に移行することになります。

■ **少額訴訟の手続きの流れ**

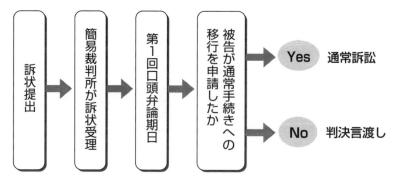

強制執行

強制執行とは

　苦労して手に入れた勝訴判決でも、それだけでは権利の実現は完全ではありません。判決は、紛争に対する裁判所の判断にすぎません。被告が判決にしたがって、自主的に判決内容を実現してくれる場合はよいのですが、中には、判決など全く意に介さない人もいます。そのような場合には、強制執行をしなければなりません。強制執行は、国家機関が、権利者の権利内容を強制的に実現する手続きです。たとえば、滞納家賃の支払い請求訴訟に勝訴した原告が強制執行する場合には、判決に基づいて裁判所や執行官などの執行機関が被告の財産を差し押さえ、競売にかけてお金に換え、それを原告に渡します。原告は、判決内容通りの結果を得られるのです。たいていの被告は、判決が確定すればそれに従うことが多いものですが、そうでない場合には強制執行手続が必要になってきます。

■ 主な債務名義

債務名義になるもの	備考
判決	確定しているものでなければならない
仮執行宣言付きの判決	確定していないが一応執行してよいもの
支払督促＋仮執行宣言	仮執行宣言を申し立てる
執行証書	金銭支払のみ強制執行が可能
仲裁判断＋執行決定	執行決定を求めれば執行できる
和解調書	「○○円払う」といった内容について執行可能
認諾調書	請求の認諾についての調書
調停調書	「○○円払う」といった内容について執行可能

裁判に勝ったからといって、直ちに被告の財産に対し強制執行できるわけではありません。まず、強制執行の根拠となる債務名義と呼ばれるものを手に入れなければなりません。債務名義は、判決が代表的なものですが、それ以外に執行受諾文言付公正証書や調停調書・和解調書・仮執行宣言付支払督促などがあります。別の観点からいえば、強制執行は、こうした債務名義があれば訴訟を経由しなくても可能であるということになります。次に、債務名義の末尾に「強制執行をしてもよろしい」という「執行文」をつけてもらいます。

　さらに、あらかじめ債務者にあてて、債務名義の趣旨を送達するか、または執行と同時に債務名義を示すよう義務付けられています。そして債務者がその通知を確かに受け取ったという送達証明書を手に入れます。送達は、債務者に「こういう内容の強制執行をします」という予告です。債務者がこの時点で、自ら義務を果たすということもあり得ます。執行機関とは、強制執行を行う権限がある国の機関をいいます。通常は地方裁判所か、地方裁判所にいる執行官です。被告のどのような財産に強制執行するかについては、基本的に原告の自由です。被告が不動産をもっていれば不動産を対象に、そうでなければ家財道具などの動産や、給与や銀行預金などの債権を対象にします。

■ **強制執行の手続き**

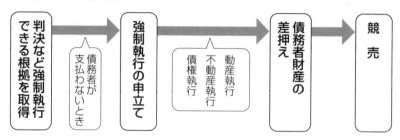

供託

供託の種類

　金銭や物品などを供託所に預けることを供託といいます。
　供託には①弁済のためにする供託（弁済供託）、②担保のためにする供託（担保保証供託）、③強制執行のためにする供託（執行供託）、④保管のための供託（保管供託）、⑤没取の目的物の供託（没取供託）の５種類があります。これらのうち、最も多く利用されているのは、弁済供託です。
　弁済供託とは、たとえば、貸主が賃料の受領を拒んでいる場合に、借主が賃料相当分を供託して、債務を免れることです。賃料の受領を拒まれたからといって、借主が賃料を支払わずに放っておくと、債務の不履行となって賃貸借契約を解除されたり、損害賠償を請求されますが、供託をすれば債務不履行にはなりません。

弁済供託の手続き

　弁済供託は、①債権者が弁済の受領を拒み、または、弁済を受領できない場合、あるいは②弁済者の過失なくして債権者が誰であるか確知できない場合、に認められます。これらの要件のことを供託原因といいます。供託書の「供託の原因たる事実」の欄には、これらのうちのどれかの要件を満たしていることを具体的に記載する必要があります。弁済供託は、債務の履行地の法務局（供託所）で行います。債務履行地に供託所がないときは、同じ都道府県内の最寄りの供託所に供託します。

債権者が弁済の受領を拒んでいる場合

　供託原因の１つとされている「債権者の受領拒否」とは、債務

者が契約に従って適法な弁済の提供をしたにもかかわらず、債権者がこれに応じなかった場合をいいます。たとえば、借主が従来通りの賃料を持って行ったにもかかわらず、貸主が増額された賃料でなければ受け取らないと主張した場合です。受領拒否を理由として供託する場合には、供託の前にまず弁済の提供をする必要があります。

ただ、債権者が弁済の受領をしないことが明らかである場合には、弁済の提供をしなくても弁済供託をすることができます。たとえば、貸主が、賃貸借契約そのものが終了したとして、明渡訴訟を起こしている場合などです。受領しないことが明らかかどうかは、ケース・バイ・ケースで判断します。

債権者が受領できない場合

「債権者の受領不能」とは、債権者（貸主）が不在の場合や行方不明の場合など、債権者が弁済を受領することができない場合をいいます。

たとえば、賃貸借契約において、貸主の住所で賃料を支払うこととされているにもかかわらず、貸主の住所が不明で支払いができないという場合です。あるいは、借主が賃料を支払うつもりで電話したときに、「債権者もその妻も外出中で、自分は留守番だからわからない」と言われた場合も、受領不能になります。

債権者が誰なのか確知できない場合

「債権者を確知できない」場合とは、たとえば、債権者（貸主）が死亡したが、誰が相続人かわからない場合です。あるいは、債権が次から次へと譲渡され、現在の債権者が誰なのかわからないという場合です。

供託書の書き方

供託書には、ボールペンなどで記載する必要があり、鉛筆による記載は許されません。金銭その他の物の数量、年月日等を記載するには、「1、2、3」などの算用数字を用いなければなりません。訂正する場合には、その文字を二重線で消して正しい文字を書き、欄外に「○○字訂正」「○○字削除」「○○字加入」などと記入し、押印します。ただ、供託金額や有価証券の枚数、総額面などの訂正はできませんので注意してください。代理人による供託の場合には、供託者の住所・氏名の下に代理人の住所・氏名その資格（代表権など）を記載して押印します。なお、供託者が会社などの法人である場合には本店の所在地、商号（会社名）、代表者の資格・氏名を記載して、代表者印を押します。また、代表者の資格を証明する証明書（登記簿謄本、登記事項証明書）を添付する必要があります。

申請後の手続き

供託の申請がなされると、供託官が供託書の記載に基づいて申請の適否を審査し、供託が適法であれば受理決定を行います。供託が不適法であれば、申請が却下（不適法であるとして退けること）されます。供託が受理されれば、債権者にその旨が通知されます。供託者により、供託物（供託金）が支払われると、債権者（被供託者）は、供託所に対して供託物の交付を請求できるようになります。これを還付請求といいます。一方、供託原因がなくなって供託する必要がなくなった場合には、債務者は供託した金銭などを供託所から取り戻すことができます。これを取戻請求といいます。

なお、還付請求と取戻請求をあわせて供託物の払渡請求といいます。

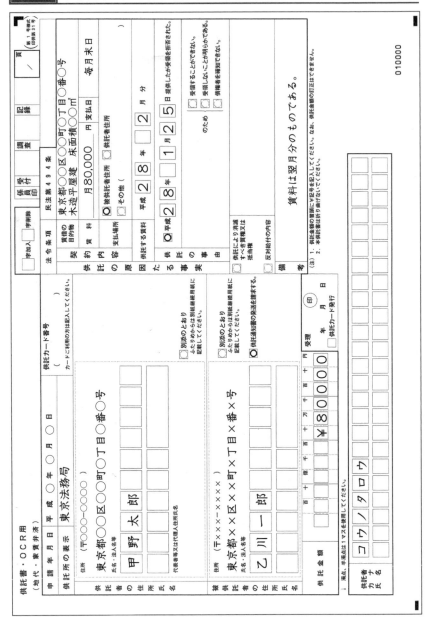

書式 供託書の記載例（家賃の弁済供託）

借地非訟

訴訟とは異なる緩やかな手続き

　借地に関するトラブルについては、借地非訟という特別な手続きが用意されています。非訟手続きとは、民事上の紛争について、訴訟手続きによらない緩やかな手続きで処理できるように設けられたものです。通常の民事訴訟のように、当事者が対立する構造をとるのではなく、国家（裁判所）が間に入り紛争解決をサポートするものです。手続きは申立てによる他、裁判所の職権によっても開始されます。

　また、審理は公開されず、裁判所の判断も、判決ではなく決定という形がとられます。

　ただ、この手続きは、借地に関する紛争のすべてに利用できるわけではありません。借地契約の解除や、賃料の増減をめぐる紛争などには利用できません。利用できる紛争は以下の通りです。

① 建物の種類・構造などに関する借地条件の変更の申立て
② 増・改築許可の申立て
③ 賃借権譲渡・土地転貸許可の申立て
④ 競売または公売に伴う土地賃借権譲受の許可の申立て
⑤ 賃貸人（土地所有者）自らの建物譲受の申立て
⑥ 更新後の建物の再築許可の申立て

　借地権を設定する際には、建物の種類や構造・規模・用途などについて細かい制限があるのが普通です。たとえば①は、法令の変更やその他、事情の変更によって、こうした借地条件を変更することが相当だと認められるにもかかわらず、当事者の協議が調

わない場合に広く利用できます。②は、借地契約において、増・改築の禁止や地主の承諾を必要とするという特約がある場合に、借地人が行おうとしている増・改築が、その借地の通常の利用方法からして許されてよいにもかかわらず、地主が承諾してくれないような場合に利用できます。③は、借地権者が、土地の賃借権や借地上の建物を第三者に譲渡したり転貸したい場合で、それを行ってもなんら不利益を与えないにもかかわらず、地主が承諾を拒否しているようなときに利用できます。

いずれの場合も、裁判所が地主の承諾に代わる許可の裁判をしてくれるものです。

申立手続き

借地非訟の申立ては、借地権の目的である土地の所在地を管轄する地方裁判所に、申立書を提出します。

ただ、当事者の合意がある場合は、その土地の所在地を管轄する簡易裁判所でも行うことができます。申立書には、当事者の表示、申立ての趣旨と理由、借地権の目的である土地や借地契約の内容などについて記載します。申立ての費用は、手数料の他に、当事者の呼出費用として郵券（切手）を予納します。手数料は、その土地の価格（固定資産税評価額）を基礎として算定します。

たとえば、転貸許可の申立てで、固定資産税評価額の２分の１にあたる額（これを目的物の価格という）が1000万円の場合には、手数料は２万円となります。そして、目的物の価格が500万円増えるごとに、手数料は6000円ずつ加算されます。

申立てが受理されると、地代の推移や契約期間などについての意見を上申書にまとめて提出します。一方、相手方は、答弁書を作成し、その中で申立ての却下を求めることになります。手続きがさらに進行すれば、借地人と地主はそれぞれ訴訟と同様に証拠

や参考資料を提出しなければなりません。

　裁判所は、当事者の主張を整理・検討しつつ、さらに鑑定委員会（不動産価格の算定や借地関係について専門的知識をもつ弁護士や不動産鑑定士などで構成される）の意見を聴いた上で、最終的な紛争解決のための基準を作っていきます。鑑定委員の意見書を参考にしながら、場合によっては和解を促したり、民事調停に移すなどの処置をとります。

　しかし、これらの手続きを行うことが難しい場合は、最終的な判断を示します。たとえば、借地条件の変更を借主が求めているような場合であれば、それを認めるのかどうか、また認める場合には、どのような条件を課すのか、などを定めます。

■ 借地非訟の手続き

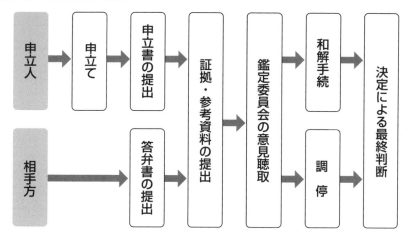

困ったときの相談先・専門家への頼み方

裁判所や弁護士への相談

　賃貸借関係のトラブルについて、当事者間で解決しない場合、専門家へ相談することになります。法的制度全般については裁判所へ問い合わせることも可能です。

・法律相談センター

　各都道府県の弁護士会では法律相談を受け付けている窓口があります。費用は、30分につき5400円程度です。相談したい場合には、予め相談日時を確認しておくのがよいでしょう。

・地方自治体の法律相談窓口

　都道府県・市区町村といった各地方自治体には、ほとんどのところで無料の法律相談の窓口が設けられています。窓口では弁護士に無料で相談に応じてもらえます。

・法テラス

　法律トラブルの相談を受ける機関として法テラス（日本司法支援センター）があります。電話番号は「0570-078374」です）。法テラスでは、相談内容に応じた法制度の紹介や、弁護士などの専門家の紹介を行っています。相談は無料ですが、あくまでトラブル解決のために必要な法制度の紹介などを行うだけであり、具体的な解決方法を提示してもらえるわけではありません。

・裁判所の申立て手続き案内

　法的手段の一般的な裁判所への申立手続きについては、裁判所に問い合わせることで確認することができます。特に請求額が少なく、少額訴訟手続きを利用するようなケースで、本人申立てを検討しているような場合には、訴状の作成方法などについて相談してみるとよいでしょう。

第8章

トラブルを予防する契約書面

契約書の作成メリット

契約の締結

　契約とは、たとえば借家ですと、ある家を貸したいという人と賃料を払って借りたいという人の意思が合致したような場合に成立します。契約は、貸主や借主といった契約当事者の自由な意思で決定されます。一定内容の条項を契約書中に明記しておけば、無用な争いを避けるという効果はありますから、問題になりそうなところは、たとえ法律に規定がある場合でも、あらかじめ契約書に明記しておく方がより望ましいといえるでしょう。契約は約束ごとです。もし、当事者の一方が契約を守らないような場合には、信頼関係が損なわれます。このような契約違反があった場合を一般に債務不履行といいます。債務不履行にもいろいろな形態があるのですが、債務不履行があった場合には、相手から契約を解除され、損害が発生している場合にはその賠償を請求されます。

紛失や改ざんを防げる

　契約書は必ず複数通作ります。契約書が1通しか存在せず、それを当事者の一方だけが保管する場合、それが紛失したり、巧みに改ざんされたりすると、他方の当事者は、本来の契約内容を証明する貴重な証拠を失うことになります。契約書を複数作成し、各当事者が1通ずつ保管するという方法には、そのような危険を排除する効用があります。

　また、債務者が契約上の債務を履行しない場合、権利者はその履行や損害賠償を求めて裁判所に訴えを提起し、判決を得たり、得られた判決に基づいて強制執行を申し立てることができますが、そのためには、契約の存在・内容を最低限立証する必要がありま

す。契約書は契約の成立を証明する最も有力な証拠ですから、それがあるのとないのとでは、権利実現の難易に雲泥の差があります。

契約書の作成形式

　法律が特に要求している場合を除いて作成の形式は自由です。縦書き、横書きのいずれでもかまいません。最近では、横書きの書式が多いようです。数字や外国語が多く用いられるときには、横書きの方が便利です。使用できる用紙や字数など、筆記方法に制約はありません。手書きではなく、ワープロ書きで作成する場合の方が一般的です。用紙サイズはＡ４判を使用することが多いようです。契約書に通常書かなければならない事項としては以下のものがあります。

① **前文**

　通常、契約書の標題の後の個々の契約条項に入る直前に、「○○○○（以下「甲」という）と○○○○（以下「乙」という）は、次のとおり、賃貸借契約を締結する」といった文章が置かれます。

② **表題（タイトル）**

　表題はこう書かなければならないという決まりはありません。ただ、契約内容が一目でわかるような表現にするのが望ましいでしょう。たとえば、借家契約であれば「建物賃貸借契約書」というように書きます。

③ **当事者の表示**

　契約の当事者とは、契約を締結する主体であり、権利義務の主体となるものです。

　当事者は、個人であれば住所と氏名、法人であれば本店所在地の住所と法人名で特定します。当事者名を契約条項中で使用する際にそのつど正式名称を記載していたのでは、字数がかさみ読み

づらいので、契約書の前文のところで、「以下〇〇〇〇を甲、〇〇〇〇を乙という」と断った上で、それ以降の部分では、「甲」「乙」と略記するのが通常です。

④　目的条項

第1条として、契約の趣旨・目的や目的物の内容を具体的に記載します。前文に盛り込んでしまう場合もあります。

⑤　契約の内容

どんな債権が発生し、どんな債務を負うのかを記載します。特約条項など、契約の中心となる部分から順に箇条書きに記載します。

⑥　作成年月日

契約の成立の日を証明する記載として、大変重要です。日付は、契約の有効期間を確定したり、正当な権限の下に作成されているかを判定する基準になります。実際に契約書を作成した日を記載するようにしましょう。契約が成立した日付を公に証明したい場合には、公証役場で確定日付をもらうのが一般的です。

⑦　署名押印（記名捺印）

当事者が法人ではなく、個人であれば、その住所を記載し、署名・押印（記名捺印の場合もあります）をします。署名・押印が最も望ましい姿です。当事者が法人である場合には、本店住所・法人名を記載し、代表者（株式会社であれば代表取締役、公益法人などでは理事・代表理事など）が署名・押印をします。

印鑑は、通常は何を使ってもかまいませんが、証明力を強くするには、市区町村（法人の場合には法務局など）に登録してある印鑑（実印）で押印するのが望ましいでしょう。

⑧　物件目録・見積書など

契約の対象物が何であるかは重要です。不動産の売買や賃貸借、請負契約などでは、物件の表示を記載して対象物件を特定します。この表示は、契約条項中に記載してもかまいません。ただ、物件

の数が多いときには、契約条項中に表記すると見ばえがよくないため、別紙としてつづった物件目録に物件を表記し、契約条項本文では、それを引用するという方法がとられます。物件の特定は、不動産の場合、登記簿に記載された物件の表示を記載して行います。

⑨　後文（作成通数の記載）

当事者間で合意が成立した旨、契約書の体裁を整える文章をおき、何通作成したかを記載してしめくくります。「この契約の成立を証するため、本書2通を作成し、各自署名押印の上各1通を保有する」という一文が置かれるのが通常です。そして、当事者の数だけの契約書が作成され、各当事者が1通ずつ所持します。

賃貸借契約書と印紙税

印紙税は、課税の対象となっている文書を作成するときに納付の義務が発生する税金です。不動産賃貸借において印紙税の対象となるのは、「土地の賃借権の設定又は譲渡に関する契約書」です（第1号の2文書）。

つまり、不動産賃貸借契約書であっても、対象が建物であれば課税文書には該当しませんので収入印紙の貼付は不要です。これは、居住用と事業用のどちらの場合も同様です。

また、対象となるのは契約書です。契約書とは土地の賃貸借であれば地主と借地人による契約の成立を証明する文書ですから、申込書や請求書といった書面であれば、通常は収入印紙の貼付は不要です。ただし、タイトルが「申込書」であっても、内容が契約書と取り扱われるものであれば収入印紙の貼付が必要になります。

印紙税額は契約書に記載されている記載金額により異なります（記載金額とは、土地の賃借権の設定・譲渡の対価として支払う後日返還されることが予定されていない金額のことです）。

トラブル防止のための記載事項

争いが生じやすい事柄と記載例

　契約上のトラブルが後日発生することを防ぐためには、将来争いが生じやすい事項につき、あらかじめ適切な規定を設けておくことが大切です。法律に定めがあるため、契約書への記載の有無にかかわらず同じ効果が生じる場合であっても、記載することでより明確にすることができるので、争いの生じやすい事項については、予防のためにぜひとも明文の規定を置いた方がよいでしょう。

① **存続期間**

　賃貸借の場合には、存続期間が問題となります。

② **契約解除**

　契約解除は、解除権の行使によってなされます。解除権には、法定解除権と約定解除権があります。法定解除権は、契約上の債務不履行があった場合などに、法律上当然に認められます。

　法定解除をする場合、相手方に契約違反（債務不履行）があっても履行の催告をしないと解除できません。催告に時間がかかり、せっかくの解除のチャンスを逃すこともありますから、催告なしでも解除できるという無催告解除の特約を契約時にしておくこともあります。約定解除権は、法律で認められたものとは別に当事者の契約により認められるものです。賃貸借契約で手付が交付されている場合には、相手が契約の履行に着手する以前であれば、手付契約に基づいて約定解除権を行使することができます。

③ **損害賠償**

　契約上の債務の不履行によって債権者に損害が生じたときは、債権者はその損害の賠償を求めることができます。これは法律上の規定ですが、当事者の契約により、あらかじめ損害賠償額を定

めたり違約罰の定めを置くこともできます。

④ **保証人条項・相殺の予約**

これらについても、契約の拘束力を強める意味で、必要な場合には規定を置いた方がよいでしょう。

⑤ **諸費用の負担**

その取引によって生じる費用や租税などの負担をどのようにするかは、明確に定めておくべきです。

⑥ **裁判所の管轄**

契約上の争いについて裁判所に判断を求める際には、管轄権を有する裁判所に申し立てます。通常の民事訴訟については、原則として相手方の住所地を管轄する裁判所に訴えなければなりません。しかし、相手方の住所が遠隔地の場合には、多額のコストがかかって不便なため、特約によって便利な管轄裁判所を定める場合が多いようです。これを合意管轄といいます。

⑦ **協議条項**

規定外の事項が発生したときに備え、協議する旨を入れます。

賃貸借契約で特に注意すべき特約

賃貸借契約書で特に注意すべき特約は、賃貸人に有利な条件の取り決めをする場合です。賃貸人にとって有利な条項は、借地借家法に反しない限り定めることが可能です。しかし、借主が一般消費者である場合は、消費者契約法10条が適用され、特約自体が無効とされるおそれがあります。消費者契約法10条とは、消費者の権利を制限したり消費者の義務を加重する条項を当事者間で取り決めた場合、その内容が消費者の利益を一方的に害するものであり、信義則（権利の行使や義務の履行は、信義に従い誠実に行わなければならないとする原則のこと）に反していると認められる場合には、その条項を無効とする規定です。したがって、賃貸

人に有利な特約を定める場合には、消費者契約法の適用を受けないように、十分注意することが必要です。

① **通常損耗・経年劣化費用を賃借人に負担させる特約**

不動産の通常損耗や経年劣化によりかかる費用は、通常は賃貸人側が負担する必要がありますが、これらの費用を賃借人の負担とする条項を設けることができます。この特約を定める場合、単に「通常損耗と経年劣化により生じる費用は賃借人の負担とする」と定めるのでは不十分です。どのような費用が賃借人の負担となるのかを明確にしなければなりません。通常損耗や経年劣化により生じる費用としては、破損していない畳の交換費用、フローリングの色落ち、フローリングのワックスがけ、家具による床やカーペットのへこみ、などが挙げられます。これらの中から、賃借人に負担してもらう費用を選択して定めることになります。

② **修繕義務・必要費償還請求を回避する特約**

通常、賃貸人は賃借人が建物を使用する上で必要な修繕をする義務を負います。また、修繕費用を賃借人が支出した場合には、賃借人が支出した金額を償還する義務（必要費償還義務）も負います。必要費とは、建物を使用する上で必要不可欠な費用のことで、たとえば、水道の給水栓が壊れた場合に修繕する費用などがこれにあたります。修繕義務を回避する旨の特約を設けると、賃借人が必要費を負担することになります。

③ **有益費償還請求・造作買取請求を排除する特約**

賃借人が建物を改良したり、賃貸人の同意を得て建物に造作を取り付けた場合、賃貸借終了のときに、賃借人は賃貸人に対して有益費の償還請求や造作の買取請求をすることができます。しかし、特約を定めておけば、賃貸人はこうした賃借人からの請求を排除することが可能になります。

④ **敷引特約**

敷引特約とは、退去する際に貸主が一定額を差し引いた敷金を借主に返還することを、賃貸借契約時にあらかじめ約束しておく特約です。差し引かれた金銭は、原状回復費用、空室損料、礼金等の意味合いを持ちます。最高裁においても平成23年３月24日に「敷引特約は不当に高額でない限り有効」という趣旨の判断が下されているため、敷引特約を定めること自体に問題はありません。ただし、あまりにも差し引かれる金額が大きいときには、無効と判断される可能性があるので注意が必要です。

トラブルが発生した場合

　次のようなトラブルが発生してしまった場合には、貸主は契約を解除することができます。
① **借主が賃料を滞納した場合**
　土地や建物の賃貸借契約で、借主が期限までに賃料を支払わなければ、貸主は債務不履行を理由として、契約を解除することができます。ただ、借主が賃料を滞納したからといって、直ちに貸主が契約を解除できるというわけではありません。貸主はまず、「○月○日までに滞納分を支払うように」と借主に催促し、その

■ 問題となる原状回復特約の例 ……………………………………

> 第○条　（原状回復特約）
> 　本件契約が終了したときは、借主の費用をもって本件物件を当初契約時の原状に復旧させ、貸主に明け渡すものとする。

> このような抽象的な記載では特約が無効とされるケースが高いので、法律やガイドラインの趣旨に沿ったものにする必要がある

期限までに支払がなかった場合にはじめて、契約を解除できます。また、解除が認められるためには、信頼関係の破壊に至っていることが必要です。催促なしですぐに契約を解除できるという特約が当事者間で結ばれることも少なくありません。

② **賃借権の無断譲渡や転貸**

土地や建物の賃貸借は、貸主と借主の信頼関係に基づいて、長期間にわたり継続する契約です。借主が貸主に無断で賃借権を他人に譲渡したり、あるいは転貸（また貸し）すれば、当事者間の信頼関係は壊れてしまうのが通常です。そこで、賃借権の無断譲渡・転貸があった場合、賃貸人は契約を解除できるとされています。

ただ、賃貸人の承諾なく、賃借権の譲渡や建物の転貸が行われた場合でも、賃貸人と賃借人の信頼関係が破壊されたといえない場合には解除権は発生しないとするのが判例の立場です。

消費税の有無

不動産収入については消費税がかかることがあります。消費税の課税対象となる取引のうち、その性格上課税することが適当でない、もしくは医療や福祉、教育など社会政策的な観点から課税すべきではないという理由により消費税が課されない取引があります。本来は課税取引に分類される取引ですが、特別に限定列挙して課税しないという取引です。これを非課税取引といいます。不動産業に関係する取引の場合、土地の譲渡、貸付、住宅の貸付は非課税取引とされています。

一方、不動産賃貸業に関係する収入では、建物の譲渡、事務所や店舗など事業用物件の貸付や駐車場の貸付などが、消費税が課税される取引として考えられます。住宅以外の建物（貸事務所等のテナントなど）の貸付については、原則として、消費税が課されるという点は知っておく必要があるでしょう。

公正証書

公正証書とは

　公正証書とは、公証人という特殊の資格者が、当事者の申立てに基づいて作成する文書で、一般の文書よりも強い法的な効力が認められています。公証人は、裁判官・検察官・弁護士といった法律実務経験者や一定の資格者の中から、法務大臣によって任命されます。裁判官経験者が比較的多いようです。公正証書は一定の要件を備えれば、債務名義（強制執行の根拠となる債権の存在・内容を証明する文書）になります。そこで、公正証書に基づいて強制執行（債務者が債務を履行しない場合に裁判所や執行官に申し立てることによって行われる強制的に権利を実現する手続きのこと）を行うことが可能になります。公正証書のこのような効力を執行力といいます。

　ただ、どんな契約書でも公正証書にすれば債務名義となり得るわけではありません。①請求内容が、一定額の金銭の支払いなどの給付であること、②債務者が、「債務を履行しない場合には強制執行を受けても文句は言わない」旨の記載をしていることが必要です。②の記載を、執行受諾文言または執行認諾約款といいます。執行受諾文言は、公正証書に基づいて強制執行を行うためには欠かすことのできない文言ですから、忘れずに入れてもらうようにしましょう。

　作成された公正証書の正本に記載される内容は、公証人法によって定められており、具体的には、①全文、②正本であることの記載、③交付請求者の氏名、④作成年月日・場所が記載されます。このうち、契約の内容などが記載されているのは、①の全文です。

公正証書の正本に記載されている全文は、さらに2つのパートから成り立っています。1つ目のパートには具体的な内容（これを本旨といいます）が記載され、もう1つのパートには公正証書を作成する際の形式について記載されます（この記載を本旨外記載事項といいます）。

公証役場の手続き

公正証書を作成するには、公証役場へ行きます。わからない場合には、日本公証人連合会（03-3502-8050）に電話をすれば教えてもらえます。債権者と債務者が一緒に公証役場に出向いて、公証人に公正証書を作成することをお願いします（これを嘱託といいます）。事前の相談や連絡は、当事者の一方だけでもできますが、契約書を公正証書にする場合には、契約当事者双方が出向く必要があります。ただし、実際に本人が行かなくても代理人に行ってもらうことは可能です。公証役場では、まず当事者に人違いがないかどうかを確認します。公証人自身が当事者と面識があるような特別のケースを除いて多くの場合は、本人確認のために発行後3か月以内の印鑑証明書を持参することになります。

公正証書で契約書を作成する場合には、公証役場で手数料を支払わなければなりません。手数料の金額は目的の価額によって決まります。賃貸借契約の場合、賃料に契約期間を掛けた額を2倍したものが目的の価額となります。

公正証書にする契約と公正証書にするのが望ましい契約

借地権についての事業用定期借地契約は公正証書による作成が義務付けられています（借地借家法23条）。その他の賃貸借契約は常に公正証書で作成しなければならないわけではありません。ただし、公正証書は債務名義になるため、重要な契約書について

はあらかじめ公正証書とすることも検討すべきです。

特に定期借家契約は更新せずに、建物を返還してもらうわけですから、公正証書にして、契約書の原本を公証役場に保管しておいてもらうのがよいでしょう。定期借家契約は書面で作成しなければなりませんが、法律上は公正証書で作成することまでは要求されていません。ただ、「定期」といっても10年、20年という契約を結ぶケースはあるので、契約書の紛失の危険を防ぐメリットがあります。定期借家契約の公正証書を作成する上では以下の点に注意します。

・更新がない旨の記載

多くの場合、定期借家契約を結ぶ目的は更新をせずに明け渡してもらうことにありますから、更新・立退きをめぐるトラブルを避けるために、公正証書にも「更新がない」ことを明記します。

・執行認諾約款を置き、確実に賃料を回収できるようにする

確実に賃料を回収することが目的なのですから、債務名義とするため、公正証書には執行認諾約款を置くようにします。

■ 公正証書の作成の流れ

申請前に公正証書の作成について当事者の合意が必要

申請書類を再チェック
・公正証書にしたい文面 ・法人の場合には代表者の資格証明書や商業登記事項証明書 ・印鑑証明

公 証 役 場 へ 行 く

公証人が文書を作成

Column

空家等対策の推進に関する特別措置法

　近年、管理の行き届かない空家が増加しており、問題視されています。景観を損なうのみではなく、たとえば崩れ落ちた柱などで通行人がケガをしたり、放火や空き巣などといった犯罪被害を招いたりと、今や社会問題となっています。この空家問題への対応策として、「空家等対策の推進に関する特別措置法」が施行されました。倒壊のおそれのある危険な状態や、衛生上など有害な状態にある空家について、その所有者等に対し、必要な措置をとるよう市町村が助言・指導・勧告するというものです。さらに、従わなかった場合には、強制的に撤去される場合もあります。所有する不動産を空家状態で置いておくのであれば、定期的に清掃や修繕を施すなどして、管理を怠らないようにする必要があります。

　このような動きに伴い、税制面でも改正がありました。平成27年度の税制改正では、住宅用地に対する固定資産税の取扱いが変わりました。通常の住宅用地では、小規模住宅用地（200㎡までの部分）の場合は、固定資産税評価額の6分の1、一般住宅用地（200㎡を超える部分）については3分の1と、特例により固定資産税が軽減されています。つまり更地にするよりも、空家にしておく方が、税金が少なくなるわけです。しかし空家等対策の推進に関する特別措置法による勧告の対象となった空家等に係る土地については、住宅用地に係る特例の対象から除外されることになります。特例から除外された場合、固定資産税は最大で従来の6倍となりますので注意が必要です。

　ただ、空家の所有者も故意に放置しているわけではありません。諸事情により管理が難しい場合も当然あります。そのような場合は、市町村に相談してみるのも1つの方法です。自治体によっては、空家の管理や活用方法についての相談窓口を設けている場合もあります。

巻　末

資料集

資料　重要事項説明書

重 要 事 項 説 明 書
（建物の貸借）
（第一面）

平成28年 ○月 ○日

乙山一美 殿

下記の不動産について、宅地建物取引業法（以下「法」という。）第35条の規定に基づき、次のとおり説明します。この内容は重要ですから、十分理解されるようお願いします。

商号又は名称　株式会社○○不動産
代表者の氏名　代表取締役　丙川光男
主たる事務所　東京都台東区○○１－１－１　　　　　　　　　　　㊞
免許証番号　　東京都知事（○）○○○○号
免許年月日　　平成7年○月○日

説明をする宅地建物取引士	氏　　名	丁本和代　　　　　　　　　　㊞
	登録番号	（東京都知事）第○○○○号
	業務に従事する事務所	東京都世田谷区××○-○-○ 乙川不動産世田谷支店 電話番号（　03　）○○○○－○○○○

取引の態様（法第34条第２項）	代　理　・　(媒　介)

建物	名　　称	○○アパート
	所 在 地	東京都世田谷区××○丁目○○番地○
	室 番 号	105号室
	床 面 積	36.52 ㎡（登記簿面積 36.52㎡）
	種類及び構造	共同住宅、長屋建、木造スレートぶき
	貸主氏名・住所	甲野花子　東京都世田谷区××△丁目△番△号

(第二面)

I 対象となる建物に直接関係する事項
　1　登記記録に記録された事項

所有権に関する事項 （権利部（甲区））	所有権に係る権利に関する事項	所有権以外の権利に関する事項（権利部（乙区））
名義人　氏　名　甲野花子 　　　　住　所　東京都世田谷区 　　　　　　　　××○丁目○番○号	なし	抵当権設定 設定：平成○○年○月○日 受付第○○○○号 債権金額　3,000万円 債務者：甲野花子 債権者：株式会社とびうお銀行

　2　法令に基づく制限の概要

法　令　名	
制限の概要	

　3　飲用水・電気・ガスの供給施設及び排水施設の整備状況

直ちに利用可能な施設	施設の整備予定	備　　考
飲用水	㊙・私営・井戸	年　月　日　　公営・私営・井戸	
電　気	東京電力	年　月　日	
ガ　ス	㊙・プロパン	年　月　日　　都市・プロパン	
排　水	公共下水	年　月　日	

　4　建物建築の工事完了時における形状、構造等（未完成物件のとき）

建物の形状及び構造	
主要構造部、内装及び外装の構造・仕上げ	
設備の設置及び構造	

(第三面)

5 建物の設備の整備の状況（完成物件のとき）

建物の設備	有無	型式	その他
台　　　　所	有		流し、調理台、換気扇、給湯栓
便　　　　所	有	水洗式	
浴　　　　室	有		シャワー、ユニットバス、洗面化粧台
給 湯 設 備	有		ガス、ボイラー
ガ ス こ ん ろ	有		都市ガス、メーター専用
冷 暖 房 設 備	無		
物　　　　置	有		

6 当該建物が造成宅地防災区域内か否か

造成宅地防災区域内	(造成宅地防災区域外)

7 当該建物が土砂災害警戒区域内か否か

土砂災害警戒区域内	(土砂災害警戒区域外)

8 当該建物が津波災害警戒区域内か否か

津波災害警戒区域内	(津波災害警戒区域外)

9 石綿使用調査の内容

石綿使用調査結果の記録の有無	(有)	無
石綿使用調査の内容	平成○年○月○日、厚生労働省指定の作業環境測定期間である株式会社○○環境センターにより、建物の屋根材・外壁材についての石綿含有率測定が行われた。詳細については別紙調査報告書に記載する。	

10 耐震診断の内容

耐震診断の有無	有	(無)
耐震診断の内容	本物件は、昭和62年に新築された建物であるため、耐震診断説明の対象物件ではない。	

(第四面)

II 取引条件に関する事項
1 借賃以外に授受される金額

	金　　額	授　受　の　目　的
1	金　　170,000円	敷金
2	金　　 85,000円	礼金
3	月額　　　100円	物置使用料
4		

2 契約の解除に関する事項

賃貸借契約期間中であっても、貸主は、賃貸借契約書第○条に該当する事由が生じた場合、所定の手続きにより解約を申し出ることができる。また、借主は、貸主に対して1か月前に書面で予告することにより、解約を申し入れることができる。

3 損害賠償額の予定又は違約金に関する事項

借主は、その定められた入居者並びに、その訪問者が、故意又は過失により、賃借室及び本建物付属設備に損害を与えたときは、それによって生じた損害を貸主に賠償しなければならない。

4 支払金又は預り金の保全措置の概要

保全措置を講ずるかどうか	講ずる　・　(講じない)
保全措置を行う機関	

(第五面)

5 契約期間及び更新に関する事項

契約期間	(始 期)平成25年 4月 1日 (終 期)平成27年 3月31日	2年 月間	一般借家契約 定期借家契約 終身建物賃貸借契約
更新に関する事項	新賃料の1か月分(別途消費税)の更新料が必要である。詳細については賃貸借契約書第○条で説明する。		

(「一般借家契約」に丸印)

6 用途その他の利用の制限に関する事項

	区分所有建物の場合における専有部分の制限に関する規約等	その他
用途制限		居住以外の利用は認めない
利用の制限		賃貸借契約第○条に記載の通り

7 敷金等の精算に関する事項

借主が、賃借室の明渡しを完了し、この契約が終了したとき、貸主は賃借室を点検の上、原状回復費用を差し引いた上、保証金等を精算し、その残額を借主に返還する。

8 管理の委託先

氏　名（商号又は名称） (マンションの管理の適正化の推進に関する法律第46条第1項第2号の登録番号または賃貸住宅管理業者登録規程第5条第1項第2号の登録番号)	株式会社○○　管理
住所（主たる事務所の所在地）	東京都世田谷区○○　○-○-○

(第六面)
Ⅲ　その他の事項
　1　供託所等に関する説明（法第35条の2）
　（1）宅地建物取引業保証協会の社員でない場合

営業保証金を供託した供託所及びその所在地	

　（2）宅地建物取引業保証協会の社員の場合

宅地建物取引業保証協会	名　称	社団法人○○宅地建物取引業保証協会
	住　所	東京都○○区○○2-2-2
	事務所の所在地	東京都○○宅地建物取引業保証協会世田谷支部
弁済業務保証金を供託した供託所及びその所在地		東京都法務局　東京都千代田区九段南一丁目1番15号九段第2合同庁舎

私は、貴社の宅地建物取引士から宅地建物取引士証提示のもと、
重要事項の説明を受け、説明書を受領したことを確認いたします。

平成28年　○月　○日
住所　東京都青梅市○○町○-○-○

　　　　　　　　　　　　　　　　　　　　　　　氏名：乙山一美　㊞

資料　貸主・借主の費用の負担区分

部位	項目	説明	負担区分	理由
床	畳	畳の裏返し、表替え（特に破損等していないが、次の入居者確保のために行うもの）	貸主	入居者入れ替わりによる物件の維持管理上の問題であり、貸主の負担とすることが妥当と考えられる。
床	畳	畳の変色（日照・建物構造欠陥による雨漏りなどで発生したもの）	貸主	日照は通常の生活で避けられないものであり、また、構造上の欠陥は、借主には責任はないと考えられる。（借主が通知義務を怠った場合を除く）
床	フローリング	フローリングのワックスがけ	貸主	ワックスがけは通常の生活において必ず行うとまでは言い切れず、物件の維持管理の意味合いが強いことから、貸主負担とすることが妥当と考えられる。
床	フローリング	フローリングの色落ち（日照・建物構造欠陥による雨漏りなどで発生したもの）	貸主	日照は通常の生活で避けられないものであり、また、構造上の欠陥は、借主には責任はないと考えられる。（借主が通知義務を怠った場合を除く）
床	フローリング	フローリングの色落ち（借主の不注意で雨が吹き込んだことなどによるもの）	借主	借主の善管注意義務違反に該当する場合が多いと考えられる。
床	フローリング	キャスター付きのイス等によるフローリングのキズ、へこみ	借主	キャスターの転がりによるキズ等の発生は通常予測されることで、借主としてはその使用にあたって十分な注意を払う必要があり、発生させた場合は借主の善管注意義務違反に該当する場合が多いと考えられる。
床	カーペット、その他	家具の設置による床、カーペットのへこみ、設置跡	貸主	家具保有数が多いという我が国の実状に鑑み、その設置は必然的なものであり、設置したことだけによるへこみ、跡は通常の使用による損耗ととらえるのが妥当と考えられる。
床	カーペット、その他	カーペットに飲み物等をこぼしたことによるシミ、カビ	借主	飲み物等をこぼすこと自体は通常の生活の範囲と考えられるが、その後の手入れ不足等で生じたシミ・カビの除去は、借主の負担により実施するのが妥当と考えられる。
床	カーペット、その他	冷蔵庫下のサビ跡（畳・フローリングも同様）	借主	冷蔵庫に発生したサビが床に付着しても、拭き掃除で除去できる程度であれば、通常の生活の範囲と考えられるが、そのサビを放置し、床に汚損等の損害を与えることは、借主の善管注意義務違反に該当する場合が多いと考えられる。
床	カーペット、その他	引越作業で生じたひっかきキズ（畳・フローリングも同様）	借主	借主の善管注意義務違反または過失に該当する場合が多いと考えられる。
壁・天井	壁・クロス	テレビ、冷蔵庫等の後部壁面の黒ずみ（いわゆる電気ヤケ）	貸主	テレビ、冷蔵庫は通常一般的な生活をしていくうえで必需品であり、その使用による電気ヤケは通常の使用ととらえるのが妥当と考えられる。

部位	項目	説明	負担区分	理由
壁・天井	壁・クロス	エアコン（借主所有）設置による壁のビス穴、跡	貸主	エアコンについても、テレビ等と同様一般的な生活をしていくうえで必需品になってきており、その設置によって生じたビス穴等は通常の損耗と考えられる。
		クロスの変色（日照などの自然現象によるもの）	貸主	畳等の変色と同様、日照は通常の生活で避けられないものであると考えられる。
		壁に貼ったポスターや絵画の跡	貸主	壁にポスター等を貼ることによって生じるクロス等の変色は、主に日照などの自然現象によるもので、通常の生活による損耗の範囲であると考えられる。
		壁等の画鋲、ピン等の穴（下地ボードの張替えは不要な程度のもの）	貸主	ポスターやカレンダー等の掲示は、通常の生活において行われる範疇のものであり、そのために使用した画鋲、ピン等の穴は、通常の損耗と考えられる。
		壁等のくぎ穴、ネジ穴（重量物を掛けるためにあけたもので、下地ボードの張替えが必要な程度のもの）	借主	重量物の掲示等のためのくぎ、ネジ穴は、画鋲等のものに比べて深く、範囲も広いため、通常の使用による損耗を超えると判断されることが多いと考えられる。
		タバコのヤニ	貸主	喫煙自体が用法違反、善管注意義務違反に当たらない場合、クロスがヤニで変色したり臭いが付着しているとまではいえない程度の汚れについては、通常の消耗の範囲であると考えられる。
			借主	該当居室全体においてクロス等がヤニで変色したり、臭いが付着した等の場合、通常の使用による汚損を超えると判断される。その場合は借主のその後の手入れ等管理が悪く発生、拡大したと考えられる。
		クーラー（借主所有）から水漏れし、放置したため壁が腐食	借主	クーラーの保守は所有者（この場合借主）が実施すべきであり、それを怠った結果、壁等を腐食させた場合には、善管注意義務違反と判断されることが多いと考えられる。
		クーラー（貸主所有）から水漏れし、借主が放置したため壁が腐食	借主	クーラーの保守は所有者（この場合貸主）が実施すべきものであるが、水漏れを放置したり、その後の手入れを怠った場合は、通常の使用による損耗を超えると判断されることが多いと考えられる。
		結露を放置したことにより拡大したカビ、シミ	借主	結露は建物の構造上の問題であることが多いが、借主が結露が発生しているにも関わらず、貸主に通知もせず、かつ、拭き取るなどの手入れを怠り、壁等を腐食させた場合には、通常の使用による損耗を超えると判断されることが多いと考えられる。
		台所の油汚れ	借主	使用後の手入れが悪く、ススや油が付着している場合は、通常の使用による損耗を超えるものと判断されることが多いと考えられる。

部位	項目	説明	負担区分	理　由
壁・天井	天井	取付金具のない天井に直接つけた照明器具の跡	借主	あらかじめ設置された照明器具用コンセントを使用しなかった場合には、通常の使用による損耗を超えると判断されることが多いと考えられる。
建具・柱	ガラス	地震で破損したガラス	貸主	自然災害による損傷であり、借主には責任はないと考えられる。
建具・柱	ガラス	網入りガラスの亀裂（構造により自然に発生したもの）	貸主	ガラスの加工処理の問題で、亀裂が自然に発生した場合は、借主には責任はないと考えられる。
建具・柱	柱等	飼育ペットによる柱等のキズや臭い	借主	特に、共同住宅におけるペット飼育は未だ一般的ではなく、ペットの躾や尿の後始末の問題でもあり、善管注意義務違反として借主負担と判断される場合が多いと考えられる。
建具・柱	その他	網戸の張替え（破損等はしていないが次の入居者確保のために行うもの）	貸主	入居者の入れ替わりによる物件の維持管理上の問題であり、貸主の負担とすることが妥当と考えられる。
設備・その他	設備	設備機器の故障、使用不能（機器の耐用年限到来のもの）	貸主	経年劣化による自然損耗であり、借主に責任はないと考えられる。
設備・その他	設備	浴槽、風呂釜等の取替え（破損等はしていないが、次の入居者確保のため行うもの）	貸主	物件の維持管理上の問題であり、貸主負担とするのが妥当と考えられる。
設備・その他	設備	日常の不適切な手入れもしくは用法違反による設備の毀損	借主	借主の善管注意義務違反に該当すると判断されることが多いと考えられる。
設備・その他	鍵	鍵の取替え（破損、鍵紛失のない場合）	貸主	入居者の入れ替わりによる物件管理上の問題であり、貸主の負担とすることが妥当と考えられる。
設備・その他	鍵	鍵の取換え（破損、不適切使用、紛失による場合）	借主	借主の善管注意義務違反に該当すると判断されることが多いと考えられる。
設備・その他	水回り	消毒（台所、トイレ）	貸主	消毒は、日常の清掃と異なり、借主の管理の範囲を超えているので、貸主負担とすることが妥当と考えられる。
設備・その他	水回り	ガスコンロ置き場、換気扇等の油汚れ、すす	借主	使用期間中に、その清掃・手入れを怠った結果汚損が生じた場合は、借主の善管注意義務違反に該当すると判断されることが多いと考えられる。
設備・その他	水回り	風呂、トイレ、洗面台の水垢、カビ等	借主	使用期間中に、その清掃・手入れを怠った結果汚損が生じた場合は、借主の善管注意義務違反に該当すると判断されることが多いと考えられる。
設備・その他	居室	全体のハウスクリーニング（専門業者による）	貸主	借主が通常の清掃（具体的には、ゴミの撤去、掃き掃除、拭き掃除、水回り、換気扇、レンジ回りの油汚れの除去等）を実施している場合は、次の入居者を確保するためのものであり、貸主負担とすることが妥当と考えられる。

※東京都都市整備局のホームページ掲載の賃貸住宅トラブル防止ガイドライン（改訂版）より引用。

Column

印鑑の押し方のルール

契約書作成などでは、「訂正印」「契印」「捨印」「消印」「割印」といった特殊な使い方をする場合もあります。

訂正印は、文書に書いた文字を書き直しするときに用います。契約書が複数のページからできているような場合は、すべてが一体の契約書であることを示すために、とじ目をまたいで当事者双方が押印をします。これが契印です。捨印は、後で文書の中の文字を訂正する必要が出てきたときに、文字を訂正してもよいという許可を前もって出しておく場合に使用されます。消印とは、契約書に貼付された印紙と契約書面とにまたがってなされる押印のことです。契約書の正本と副本を作るようなとき、又は同じ契約書を2通以上作成して、複数人数でそれぞれ1通ずつ保管しておくような場合は、割印を用います。

■ 契約印の押し方

①契印と割印

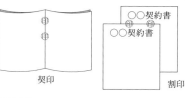

契印　　　　　　　　　割印

②捨印

③訂正印

誤った文字の上に二本線を引き、上部に正しい文字を記入する場合	誤った文字の上に二本線を引き、上部に正しい文字を記入する。そして欄外に「削除2字」「加入1字」と記載する場合	訂正した文字をカッコでくくり、これに押印する場合
所在　豊島区池袋1丁目 　　　2 地番　1番1 　　　㊞㊞	削除2字　㊞㊞ 加入1字 所在　豊島区池袋1丁目 　　　5 地番　5番10	所在　豊島区池袋1丁目 地番　(8㊞7) 18番9

索　引

あ

空家対策の推進に関する特別措置法	242
悪臭	59、92
明渡し	114
預り金	25
アスベスト	48
雨漏り	76
一時的な賃貸借	128、183
一般定期借地権	179
違法建築	48
違約金	34
印紙税	233

か

外国人入居者	33
解除	136
改築	81
解約の申入れ	115、143
鍵交換負担特約	50
火災保険料	17
壁紙	62、78
管理規約	36
管理費	17、104
期間内解約	143
共益費	104
供託	115、187、221
虚偽記載	28
競売	172
契約期間の短縮	201
契約書	18、230
経年変化	162
経年劣化費用を賃借人に負担させる特約	236
原状回復義務	160、163
原状回復特約	237
原状回復をめぐるトラブルとガイドライン	162
権利金	16、152、173
建設協力金	155
合意更新	110、181
更新	113、199
更新請求	182
更新料	117、119、202
公正証書	239
個人情報	47

さ

差押え	171
サブリース	121
残置物	132
敷金	16、113、150、158
敷金・礼金ゼロ	52
敷引特約	168、236
事業用定期借地権	180
自己借地権	178
自殺	45
自然損耗	166
失火	89
自動更新の特約	119
借地権	176
借地権の相続	184
借地借家法	112、176、185、195
借地非訟	225
重過失	89
終身建物賃貸借契約	41
修繕義務	70、71
修繕義務を回避する特約	236
修繕費	169
重要事項説明書	42、244
終了通知	39
承諾料	79、82、198
消費者契約法10条	22
消費税	248
浸水被害	48
振動	59、84
信頼関係の破壊	106

数量不足・一部滅失の場合の担保責任	21	日照権	58、91
正当事由	125、129、134、198	入居審査	26
説明義務	44、45、47、48	**は**	
ゼロゼロ物件	52	必要費	60、62
騒音	59、85、86、87	必要費償還請求を回避する特約	236
増改築	198	日割家賃	35
増額請求	103	不当表示	20
造作買取請求権	130	フリーレント	53
造作買取請求を排除する特約	236	ペット	57、68、167
損害賠償額の予定	34	部屋の使い方	75
た		法定更新(黙示の更新)	110、118、181
退去	144	補修費	169
滞納	108、200	保証金	16、154、158
立退料	123、127	**ま**	
建物買取請求	194	前家賃	16
建物譲渡特約付借地権	180	無断譲渡	135、137、196
建物の滅失	195	無断増築	191
地代の値上げ	190	無断転貸	102、135、141
仲介手数料	16	名義書替料	192
駐車場	120、193	名義変更	142
賃料自動改定特約	23	申込金	25
通常損耗	163	**や**	
通常損耗費用を賃借人に負担させる特約	236	家賃滞納	97、210
定額補修分担金	54	家賃値上げ	95、96、99、103
定期借地権	179	家賃保証会社	31
定期借家権	148	家主(所有者)の変更	145、146、147、157
適正家賃	98	有益費	62
手付金	23	有益費償還請求放棄の特約	131、236
転貸	100、135、138、141	行方不明	133
同居	102、138、184	**ら**	
東京ルール	71	礼金	16、152
特約	234	連帯保証人	27、29、30、31、200
トラブル防止のための記載事項	234	老朽化	129
な			
内縁	140		
内容証明郵便	207		

【監修者紹介】
千葉　博（ちば　ひろし）
1990年、東京大学法学部卒業。1991年司法試験に合格。1994年、弁護士として登録後、高江・阿部法律事務所に入所。2008年4月、千葉総合法律事務所を開設。現在、民事・商事・保険・労働・企業法務を専門に同事務所で活躍中。
主な著書に、『入門の法律　図解でわかる刑事訴訟法』（日本実業出版社）、『労働法に抵触しないための人員整理・労働条件の変更と労働承継』『使用者責任・運行供用者責任を回避するためのポイント解説　従業員の自動車事故と企業対応』（いずれも清文社）、『会社と仕事の法律がわかる事典』『労使トラブルの実践的解決法ケース別83』『裁判・訴訟のしくみがわかる事典』『労働審判のしくみと申立書の書き方ケース別23』『すぐに役立つ　株主総会と株式事務　しくみと手続き』『図解　会社法のしくみと手続きがわかる事典』『図解で早わかり　民事訴訟法・民事執行法・民事保全法』『図解とQ&Aでわかる　最新　交通事故の法律とトラブル解決マニュアル128』『最新　不動産売買をめぐる法律と実践書式53』『会社役員をめぐる法律とトラブル解決法158』（いずれも小社刊）などがある。
Ustreamにて「GEEK弁護士千葉博の法律相談所」を配信中。
（http:www.facebook.com/geekchibalawoffice）

すぐに役立つ
図解とQ&Aでわかる
賃貸トラブル解決マニュアル

2017年1月10日　第1刷発行

監修者　　千葉博
発行者　　前田俊秀
発行所　　株式会社三修社
　　　　　〒150-0001　東京都渋谷区神宮前2-2-22
　　　　　TEL　03-3405-4511　FAX　03-3405-4522
　　　　　振替　00190-9-72758
　　　　　http://www.sanshusha.co.jp
　　　　　編集担当　北村英治
印刷所　　萩原印刷株式会社
製本所　　牧製本印刷株式会社
©2017 H. Chiba Printed in Japan
ISBN978-4-384-04737-0 C2032

R〈日本複製権センター委託出版物〉
本書を無断で複写複製（コピー）することは、著作権法上の例外を除き、禁じられています。本書をコピーされる場合は事前に日本複製権センター（JRRC）の許諾を受けてください。
JRRC（http://www.jrrc.or.jp　e-mail：jrrc_info@jrrc.or.jp　電話：03-3401-2382）